Number_i
—彼らのスタイル—

NUMBER_I
STYLE

石井優樹

太陽出版

プロローグ

2024年5月29日・30日の2日間、STARTO ENTERTAINMENTのタレントのほとんどが集結するライブイベント『WE ARE! Let's get the party STARTO!!』が、4月10日の東京ドーム、京セラドーム大阪で開催された。

直前にKing & Prince・永瀬廉が目の負傷で休演するトラブルがあったにせよ、4月の東京ドームと同じくSTARTO ENTERTAINMENTに所属するNEWS、SUPER EIGHT、KAT-TUN、Hey! Say! JUMP、Kis-My-Ft2、timelesz、A.B.C-Z、WEST.、King & Prince、SixTONES、Snow Man、なにわ男子、Travis Japan、Aぇ! groupの14組が参加。特に5月30日の千秋楽にはFAMILY CLUB onlineでの生配信も行われ、会場に入場することができなかった日本中のファンも固唾を飲んで見守った。

「何で固唾を飲んで見守ったのかというと、大倉忠義とともにイベントの総合演出に携わった松本潤が、この日を最後に〝個人〟としてSTARTO ENTERTAINMENT社から離れ、独立するからです。4月10日のライブでは開演数時間前に〝株式会社嵐〟の設立が発表されたので、千秋楽のこの日、「嵐の25周年イベント（コンサート）のスケジュールが発表されるに違いない！」と、嵐ファンもギョーカイ人も踏んでいました」

いかにも残念そうに話すのは、某民放キー局の音楽プロデューサー氏だ。

「2019年に2020年いっぱいでの活動休止を発表した嵐でしたが、ファンクラブはそのまま形を残しているので、およそ200万口といわれるファンクラブ口座からは継続して年会費が徴収されている。その状態でフェードアウトするわけにはいきませんし、わざわざ株式会社嵐を設立した以上、25周年に一時的にでも活動を再開しないわけにもいかないでしょう」（民放キー局音楽プロデューサー）

ところが、様々な交渉事がこの4月までは極秘裏に進み、あとは具体的な復活計画を煮詰めるだけだった嵐、というか松本潤の前に、突然大きな大きな誤算が降りかかってきたという。

それが何を隠そう、〝Number_iの大ブレイク〟だといわれているのだ。

「松本くんは1999年に嵐がデビューし、ブレイクを掴む2006年までの間、タッキー&翼、NEWS、旧関ジャニ∞、KAT-TUNら後輩たち（一部先輩）が日の出の勢いでデビューしようとも『まったく怖くなかった』そうで、嵐がブレイクしていない時期でも、ずっと〝嵐アズNo.1〟の自信だけは持ち続けていたといいます。また松本くんは1996年に旧ジャニーズJr.入りしてから今までの約28年の経験の中で、旧ジャニーズを辞めた、昔の言い方でいえば〝辞めジャニ〟が再ブレイクを果たすことはないとの信念も曲げてはいませんでした。絶対的エースの木村拓哉が旧ジャニーズ事務所に残ったとはいえ、SMAPから3人が旧ジャニーズから飛び出しても、『いくら元SMAPでも売れないよ』と意に介していなかった。ところが旧ジャニーズがSTARTO ENTERTAINMENTに変わった瞬間、Number_iという〝例外〟が生み出されてしまった。松本くんは今、『嵐が復活しても話題をNumber_iに独占されたらどうしよう?』……との恐怖を感じているようです」（同民放キー局音楽プロデューサー）

TOBE社長の滝沢秀明氏は、自身のXアカウントにザックリとした事務所スケジュールを公開することで知られているが、2024年10月の部分で「Number_iの「何かしら大きな仕事（※直近まで伏せ字）」が行われることを示唆している。

また最近のXでは――

『「新たな時代へTOBE」一緒に手掛けていきませんか？
条件が合う方、TOBEで働いてみたいお気持ちがある方がいらっしゃいましたら、
ご応募お待ちしております』

――と、主にマネージャー業に携わるスタッフをマイナビのサイトで募集している。

そしてこの投稿がTOBE社の業務拡大を意味し、

「新たにSTARTO ENTERTAINMENTから移籍するタレントが出るのではないか？」

――などの憶測も呼んでいる。

このようにNumber_iのみならず事務所本体の勢いも凄まじく、さすがの松本潤、そして嵐をもってしても『Number_iとTOBEの勢いをもう少し見極めよう』の姿勢になっているのだ。

「イベントをやるにしてもデビュー記念日の11月3日ですからね。10月のNumber_iの動きは確かに気になるでしょう」(同前)

あの嵐の再始動にまで影響を及ぼしたのだとしたら、もはや現時点ですでにNumber_iに敵はいまい。

本書では、そんなNumber_iの3人が現在何を考え、何を想い、そしてこれから何をしようとしているのか、彼ら自身が発信するメッセージと周辺側近スタッフが語るエピソードから解き明かしていきたい。

平野紫耀、神宮寺勇太、岸優太――彼ら3人の素顔からは、彼ら独自の〝Number_iスタイル〟が見えてくるはずだ。

NUMBER_I
STYLE

目次

NUMBER_I
STYLE

1st Chapter

平野紫耀

Sho Hirano style

Number_i
style

アジアツアーから〝世界進出〟の第一歩を踏み出すNumber_i

現在、Number_iとしてはサントリー「ビアボール」、日本マクドナルド「マックチキンナゲット」、平野個人としても池田模範堂「ムヒ」、コーセー（イメージキャラクター）、キッコーマン「わが家は焼肉屋さん」、ボシュロム・ジャパン（イメージキャラクター）、イヴ・サンローラン（アジアアンバサダー）、サントリー「サントリージン翠」、デジタルハリウッド大学、Wonjungyoなどとコマーシャル契約を結んでいる平野紫耀。

その中でも視聴者やファンに与えるインパクトの大きさでいえば、やはりイヴ・サンローラン社のアジアアンバサダー契約が一番ではないだろうか。

「平野くんがイヴ・サンローランのアジアアンバサダーに就任したのは2024年1月からですが、2月上旬にはイヴ・サンローラン社として日本で初めて表参道・原宿のキャットストリートを中心に「WILD POSTING」企画を実施しました。この「WILD POSTING」企画とは、わかりやすくいうとビジュアルポスターを指定エリアに貼り巡らせて広告ジャックする期間限定企画で、ヨーロッパ系のハイブランドがニューヨークやパリなどで数多く実施している、定番かつポスターモデルの格を上げる人気企画です。平野くんはイヴ・サンローラン日本人アンバサダーとして、初めてこの企画に選ばれました」（ファッション誌編集長）

ひと口に〝エリアジャック〟といっても、そのエリアをジャックするに相応しい人気と訴求力がタレントに備わっていないと、ジャックする意味がない。単なるポスターの無駄使いになってしまう。

しかし平野紫耀の場合、もちろん日本人として初めての称号も含めて相応しいのひと言。

「平野くんはアジアアンバサダーとして、この5月下旬からオールアワーズリキッドとオールアワーズコンシーラーの〝オールアワーズシリーズ〟新コンテンツに出演しています。〝オールアワーズ〟シリーズとはベースメイクに使用する化粧品ですが、特に平野くんが動画で見せる美しくも妖艶な表情は、見る者を釘づけにするほどの出来映えです」（同ファッション誌編集長）

2022年に誕生したイヴ・サンローランのヒットファンデーション オールアワーズリキッドはマスクプルーフ、ウォータープルーフ、スポーツプルーフのトリプルプルーフ処方で、一日中続く崩れないロングラスティング力が支持され、数々のベストコスメを受賞しているファンデーションだという。そしてこの3月に登場したのが同シリーズのコンシーラーで、高いカバー力と自然な仕上がりの両立、ケア効果を叶えられる新アイコンとのこと。

平野が1月にアジアアンバサダーに就任したときはリップの〝ルージュピュールクチュール〟、美容液の〝ピュアショットナイトセラム〟を中心に様々な商品や企画を動画と静止画でアピールしてきたが、この3月下旬にはフランス・パリで開かれた新リップ〝ラブシャイン リップスティック〟グローバルイベントにも出席し、イヴ・サンローランファミリーの一員として活躍している。

そしてその〝ラブシャイン リップスティック〟シリーズも、平野紫耀がグローバルイベントで身につけたベビーピンクカラー〝No．150 ヌード ランジェリー〟を中心に品薄状態が続き、同カラーで表現する〝バブみ〟がトレンドにも乗り、ファンを中心に大きな話題を集めた。

『俺は男性だけど、仕事柄お化粧もするし、
最初は友だちから、

「アパレルならわかるけど、何でお前が化粧品のCMやってんの?」

――なんて聞かれたことも正直ありました。

でもファンのみんなや、もともとのイヴ・サンローランユーザーの皆さんから、

「平野くんのリップ欲しい」

「同じのをつけたい」

――って声が聞こえてくると、素直に嬉しかった。

今でもアジアアンバサダーの責任の重さを痛感してるし、
せっかく〝アジア〟の肩書きがついてるんだから、
パリのイベントだけじゃなく、アジアのいろんな都市で責任を果たしたいね』〈平野紫耀〉

Number_iが世界進出するための第一歩として、アジアは『大切なマーケット』だとも語る。

『最終的には世界進出イコール欧米圏での成功だとは思うけど、
たとえば中国や台湾、韓国とか近い場所にある国は、
極端にいえば午前中に「行きたい！」と思って夕方には着けてるぐらいの距離じゃん。
東京から北海道や九州プラス3時間ぐらいだし。
俺の中では〝アジアは一つ〟の感覚だから、
いい意味でアジアアンバサダーの肩書きを利用してアジア各国を巡りたいと思う。
もちろんNumber_iのステージで』

確かに、せっかく〝アジアアンバサダー〟の肩書きをいただいたのだから、アジア各国を巡るツアーをぜひ実現させて欲しい。

『もちろんNumber_iのステージで』

そう語った平野紫耀の言葉通り、Number_iは近い将来アジア各国を巡り、目標である〝世界進出〟の第一歩を踏み出すことになるだろう――。

紫耀とRIKU〝平野家一同〟の夢

5月21日にオンエアされた日本テレビ系『踊る！さんま御殿!!』は、番宣段階からNumber_iファンを中心とする視聴者から異様な注目を集めた。

「番宣スポット（CM）で平野紫耀の弟が登場することが告知されていたからです。以前からファンの間では弟の〝RIKU〟こと平野莉玖くん（※以下〝RIKU〟）は知られた存在でしたが、旧ジャニーズ事務所時代は所属タレントの家族がテレビやラジオはもちろん、週刊誌やスポーツ紙の取材に対しても〝顔出し〟で答えることなどあり得なかった。RIKUくんは自らもアーティストでありアパレルブランドの代表でもあるので、個人としてのテレビ出演や取材を遮る権利はありません。しかし最低限、平野紫耀くんの〝弟〟であることは認めても、過去の兄弟間のエピソードをオンエアすることは旧ジャニーズ事務所であれば絶対に認めなかったし、番組側も旧ジャニーズ事務所にお伺いを立てたでしょう。平野紫耀くんがTOBEにいるからこそ、RIKUくんが堂々と『さんま御殿』に出演することができたのは間違いありません」（ベテラン放送作家）

旧ジャニーズ事務所が家族を表に出さなかったのは、過激なファンが家族のもとに押し寄せたり、また家族と仲良くなってタレント本人と繋がろうとしたり、行きすぎた応援行為が目に余ったからだ。

「かつて元V6の森田剛、嵐の相葉雅紀、NEWSの小山慶一郎らの実家が経営する飲食店には、ヤラカシ目的のファンが大挙として押しかけていました。家族も〝お客さん〟として来てくれるファンを無下には扱えないので、対応に困って旧ジャニーズ事務所に助けを求めたケースもあったと聞いています」（同ベテラン放送作家）

つまりはタレント本人と家族を守るための〝顔出しNG〟だったのだが、今の時代、ちょっと検索しただけで家業が露になり、インターネットの世界から情報を抹消することもできない。

『事務所に感謝してるのは、平野紫耀とRIKUは兄弟ではあっても、あくまでも別人格の一個人同士であることを認めてくれたこと。
だって俺は兄として弟の役に立てれば嬉しいし、弟は弟で立派に仕事をしているわけだから、兄が平野紫耀だからって理由で邪魔はしたくない。
それにRIKUもちゃんとわきまえていて、
お互いのマイナスになるようなことは言わなかったでしょ（笑）』〈平野紫耀〉

当日のオンエアでは、明石家さんまに――

『事務所はどこ?』

――と尋ねられたＲＩＫＵは、

『名古屋ですね。
生まれも育ちも名古屋で、今日も名古屋から来ました』

――と答え、スタジオの共演者から『お兄さんに似てる』の声が上がると、ややはにかんだ素振りを。

また明石家さんまが以前からの持ちネタでもある平野紫耀の声真似をすると、RIKUは拍手をしながら――

『似てます』

――とリアクションするなど、初出演とは思えないほどそつなくこなしていた。

「きっと一番ハラハラしてオンエアを見守っていたのは、平野紫耀くんだったのではないでしょうか。RIKUくんは〝残念すぎた私のおうちごはん〟のトークテーマを振られると、運動会でのエピソードを披露。『お弁当を見せ合いっこするじゃないですか、友だちはキャラ弁とかお重だったんですけど、〝ウチは何だろう⁉〟って開けたら、チョコチップのスティックパンがギチギチに詰められてました』『家に帰って聞いたら、お兄ちゃんが〝お前もか⁉〟って。ウチは女手一つで育ててくれて時間がないのもわかっていたので、何も言わずに〝おいしい〟って食べました』――と明かすと、シンミリとしたスタジオの空気を、さんまさんが『そんなエエ話を放り込んだらアカン』とツッコみ、笑いに変えてくれた。RIKUくんも平野紫耀くんも傷つけない、損をしない、さすがのツッコミでした」（同前）

また平野紫耀もそのシーンについてこんな感想を漏らしていたそうだ――。

『あのさんまさんのひと言でRIKUも気が楽になったと思うし、
今度俺が『御殿』に呼んでいただけたときは、
きっとさんまさん、お弁当の話を振ってくるじゃないですか、
先々まで見通すというか、先に繋がるツッコミだったと思います』

ファンの皆さんにはこちらも周知の事実かもしれないが、次のエピソードでは平野紫耀が旧ジャニーズJr.入りする前の、地元・名古屋のダンススクールでRIKUと〝兄弟ユニット〟を組んでいた時代のエピソードにも触れていきたい。

『これはジンと岸くん、社長にもちゃんとは話してないんだけど、近い将来、ＲＩＫＵがNumber_iの衣裳とかにも関わることがあれば、平野家一同、本当に夢のような時間を迎えられるんじゃないかな。もちろんＲＩＫＵにそれだけの実力がないとダメだけどね。そこは兄弟だからって優遇はできないし』

――そう言って〝平野家一同の夢〟を明かした平野紫耀。

でもそれ、平野家一同だけではなく、ファンの皆さんにとっても〝夢〟の一つになると思う。

名古屋ダンスキッズたちの憧れの存在

『GOAT』『FUJI』『BON』などの楽曲を引っ提げ、積極的にテレビ各局の音楽番組に出演している Number_i。

「皆さん誰もが思っていると思いますが、旧ジャニーズ事務所を飛び出した Number_i がSTARTO ENTERTAINMENTのアーティストたちと普通に共演してMCでも絡んでいる姿は、それこそ数年前のテレビ界の常識では考えられないシーンですね」(音楽番組ディレクター)

まさに時代の変化を感じさせる象徴的なシーンでもあるが、さらにつけ加えると、昨年の音楽特番からSTARTO ENTERTAINMENTのアーティストと他事務所のアーティストがコラボパフォーマンスする姿も、ベテランのテレビマンには信じられないシーンの連続だったと話す。

「各局の音楽番組は旧ジャニーズ事務所に忖度し、他事務所のアーティストたちとの共演自体をNGにしていた時期が長かったですからね。たまに共演してもパフォーマンスはもちろんのこと、MCで絡むこともNG。スタジオはお通夜のような雰囲気でした」（同音楽番組ディレクター）

特にその傾向が強かったのがテレビ朝日系『ミュージックステーション』で、テレビ朝日は民放キー局のお荷物と呼ばれていた1980年代から旧ジャニーズ事務所とはズブズブで、旧社屋の敷地内に旧ジャニーズJr.のレッスン場（プレハブ）を建てたり、『ミュージックステーション』の立ち上げから光GENJIをレギュラーに起用したりと、まさに旧ジャニーズ事務所とは二人三脚で音楽界を歩んできたのだ。

「有名なのがw-inds.の全盛期、『Mステ』では旧ジャニーズのアーティストとは共演NGだったことです。光GENJIがレギュラーを務めた関係上、今に至るまで『Mステ』にはほぼ毎週旧ジャニーズのアーティストが出演していたので、w-inds.はほとんど『Mステ』には出られませんでした」（同前）

それが今では共演どころかコラボパフォーマンスまで披露するのだから、時代変化のスピードは凄まじいのひと言だ。

さて、Number_iは旧ジャニーズ事務所を飛び出したとはいえ、King & Prince時代には考えられなかった絡みが『Mステ』で披露された。

それがこの5月17日、『BON』をテレビ初披露した出演回での出来事だった。

その日、LAPONEエンタテインメントに所属するJO1が出演していたが、そのJO1のメンバー木全翔也が平野紫耀に対し――

『すごい憧れでした』

――と告白したのだ。

グローバルボーイズグループ・JO1は、韓国の人気オーディション番組『PRODUCE 101』の日本版『PRODUCE 101 JAPAN』の合格者11人で結成されたグループだ。

愛知県名古屋市出身、現在24才の木全はJO1のMCパートで――

『今日隣に座ってる平野紫耀くんが、僕が通ってたダンススクールのOBで』
『すごい憧れていた人の1人で、ずっとお手本にしていました』

――と告白。

合わせて当時の写真が公開されると平野も――

『うわー！ 懐かしいこのスタジオ!!
めちゃくちゃ通ってました』

――とリアクションしたのだ。

さらに木全は――

『このスタジオでお会いすることはなかったんですけど、お手本としてめっちゃ頑張っていました』

――と緊張した様子で明かしてくれた。

平野紫耀が通っていたのは、愛知県名古屋市のダンススクール・ファンクキッドで、弟の平野莉玖も同スクールの出身者。小学生の頃には兄弟で『SHOW&RICKY』というユニットを組み、ダンスの全国大会にも出場していたという。

「Number_iとJO1は別グループですが、当然のようにこのネタを採用して平野紫耀にも話を振るためには、番組側はTOBEにも許可を取らなければなりません。特にネガティブな話ではありませんが、旧ジャニーズ事務所時代ならば、旧ジャニーズJr.入りする前の話は基本NG。Hey! Say! JUMPの伊野尾慧くん、有岡大貴くん、中島裕翔くんなど子役や児童劇団に所属していたメンバーも、公式にはJr.入りする前の経歴はNGでしたからね」（前出音楽番組ディレクター）

「名古屋は大都市ですが、ほんの10年から20年ほど前までは子どもたちにダンスを教えるまともなスクールがなかったので、真面目に踊りたい、夢を追いかけたい子どもたちはファンクキッドに集まったのでしょう。大阪でも20年ほど前までは、だいたいの芸能スクール出身者はキャレスか創叡の2校に分かれていました。今では名古屋も大阪も東京に引けを取らないマーケットなので、各大手芸能プロダクションがこぞってスクールを開校していますけどね」（同前）

このファンクキッド、平野兄弟、木全翔也の他にも、女優の清水くるみ、フィギュアスケートのオリンピアン・鈴木明子などが出身者。またKis-My-Ft2の千賀健永も、このファンクキッドの卒業生だ。

「平野紫耀くんはこのファンクキッドの東京合宿で特別講師のボビー吉野氏（元ジャPAニーズ、ジャニーズ振付師）に一目惚れされ、故ジャニー喜多川氏に紹介されました。ルックスやダンスのテクニックはもちろん、周囲に対して〝すごく礼儀正しく、謙虚で気が遣える〟性格も決め手だったそうです」（同前）

『俺が名古屋でファンクキッドに入らなければ、きっと今の俺はない。
そういう意味でも大切な1ページだし、
木全くんのように、たとえ事務所は違っても、
憧れてくれる後輩たちがいてくれるのは本当に嬉しい』

今後も名古屋のダンスキッズたちは、平野紫耀や千賀健永、木全翔也に憧れ、そして脈々と夢や憧れが受け継がれていくのだろう。

その源流に自分の存在があることを平野紫耀は――

『めちゃめちゃ嬉しいけど、めちゃめちゃ責任重大だね』

――と言って微笑む。

平野紫耀の〝輝きの原点〟がファンクキッドにあるのだ。

CMで見せる平野紫耀の〝新たな魅力〟

先ほどもお話しした通り、現在、Number_iとしてはサントリー「ビアボール」、日本マクドナルド「マックチキンナゲット」。個人としても池田模範堂「ムヒ」、コーセー（イメージキャラクター）、キッコーマン「わが家は焼肉屋さん」、ボシュロム・ジャパン（イメージキャラクター）、イヴ・サンローラン（アジアアンバサダー）、サントリー「サントリージン翠」、デジタルハリウッド大学、Wonjungyoなどとコマーシャル契約を結んでいる平野紫耀だが、この〝Wonjungyo〟については、あまり馴染みのない方もいらっしゃるのではないだろうか。

〝Wonjungyo〟は韓国のコスメブランドで、平野紫耀が5月下旬からCMに出演しているのは、Wonjungyoのヘアケアライン〝Wonjungyo Hair〟。

平野紫耀やNumber_iの訴求力を考えれば、若い女性を購買層のターゲットにするコスメブランドやファッションブランドは、彼らをCMに起用したくてしたくてたまらないだろう。

「どこのブランドも平野紫耀くんを使いたがっているのは紛れもない事実です」（大手広告代理店営業マン）

Wonjungyoは〝涙袋メイク〟の第一人者として知られる韓国のメイクアップアーティスト、ウォン・ジョンヨが監修するコスメブランドだ。このブランドから新たに発売されたのがヘアケアシリーズのシャンプー、トリートメント、ヘアオイル。

「平野くんは5月25日からオンエアされる新テレビCM〝Wonjungyo Haircare Line DEBUT〟に出演し、〝モイスト〟〝スムース〟の2種類の商品イメージをスタイリングや表情で表現しています。ファンがたまらないのは、平野くんが見せるセクシーな表情とナチュラルな雰囲気のギャップで、ブランドプロデューサーのウォン・ジョンヨ氏自らがメイクを担当。氏は『もともとお顔立ちもハッキリしていて美しいので、メイクらしいメイクをする必要もなくて、予定していたスケジュールの半分ぐらいで終えられました』――と驚きの声を上げ、特に印象に残っていることとして『涙ぼくろを濃く表現することを提案しました。私はいつもバランスでメイクをするのですが、全体のイメージを考えたときに、特にこの涙ぼくろをポイントにするといいバランスになると感じました。その提案を平野紫耀さんは快く受け入れてくれました』――と解説していましたね」（同前）

一方の平野紫耀は──

『ウォン・ジョンヨさんがいろいろなところで活躍されていることも、すごくこだわりを持って商品を作ってることも以前から知っていたので、そういう仕事に対してプライドをお持ちの方とご一緒できたこと、ご指名をいただけたことはお世辞でも何でもなく光栄で嬉しかったですね。わざわざTOBEのオフィスまで来てくださって途中経過を見させてもらったんですけど、いつもは自分自身に対して「俺ってカッコいいな」と思わないんですけど、初めて「あれ? 俺ってこんなにカッコよかったっけ!?」ってビックリした。メイク、ヘアメイクは偉大ですね。北山くんにも「年取ったらもっと実感するぞ」──って脅されました（笑）』

別に北山宏光は〝脅して〟はいないけどね（笑）。

『CMの撮影中は、これまでのCM撮影と違ってすっごいアップの撮影が多くて……。
だから普段のCM撮影はそこまで緊張しないんですけど、
今回は「こんなに平野に寄っちゃって大丈夫なの?」って緊張しました。
自分のナレーションで〝Hair you want〟って言ってるんですけど、
普通にセリフがあるCMと違って、スタジオの中にポツンと座って、
OKが出るまで〝Hair you want〟を繰り返したんですよ、何パターンも。
その間、スタッフさんがみんな無言で見守ってるからやたらおかしくて。
つい笑っちゃったらみんな和んでくれたみたいで、
最後はハッピーな空気感で終われましたけど』

――そう言って撮影を振り返る平野紫耀。

『〝モイスト〟も〝スムース〟も乾かしてるときの指通りのなめらかさ、乾かし終わったあとの艶感、香りもすごい好きですね。「髪の毛が生き生きし始めたな」って、使った瞬間すぐにわかるんですよ。いろいろな髪型や髪色にトライしても、潤いがすぐ戻るぐらいのパワーを持ってる』

実際に商品を使っているという平野紫耀は、どうやらかなりお気に入りのようだ。

『今回のCMで感じたのは、Wonjungyo Hairが発売されたことで自分のところにもたくさんの反響が届いて、それは単純に嬉しいことだな〜って。CMキャラクターとして自信を持って勧められるし、素晴らしいアイテムばかり。みんなと一緒に素敵な髪を作っていきたいですね』

そう語った平野紫耀には、これからさらに多くの企業からCM出演のオファーが届くことだろう。次はどんな商品のどんなCMで〝新たな魅力〟を見せてくれるのか、楽しみは尽きない。

平野紫耀がハマる〝観葉植物生活〟

さて、Wonjungyo Hairの新CMキャラクターに就任した平野紫耀だが、先ほども触れたナレーションの『Hair you want』のセリフには「あなたの望む髪をかなえる」というブランドコンセプトが込められているそうだ。

そのCM発表会で「あなたの望む髪をかなえる」にちなんで〝望むこと〟をランキング形式で発表した平野紫耀だったが、どうしても気になるのが、ランキング第3位の「新しい植物を買う!」だった。

実は平野紫耀、つい最近出演した音楽番組のスタッフにこんな〝悩み〟を打ち明けていたからだ。

『俺、ムヒのCMやってるから、
あまり人前で「虫に刺されてカユい」とか言えないんですけど、
どうも家の中にいっぱい虫がいるんですよね』

「もともとは去年のクリスマスプレゼントで神宮寺勇太くんから観葉植物をプレゼントされて以来ハマっているそうで、植物歴自体は半年ぐらいと短いものの、いろんなところで『観葉植物にハマってる』と言っているおかげで、やたらと観葉植物をプレゼントされるらしいんです」

——と教えてくれたのは、その音楽番組で平野紫耀とMCネタの打ち合わせをした人気放送作家氏だ。

「ただし平野くんに〝欲しい観葉植物〟を聞いてから用意してくれるわけでもないので、中には〝いらない〟物も多くて、かといって突っ返したり捨てたりするわけにもいかないので、その処分に困っているそうなんですよ」（人気放送作家）

持って帰れる大きさとなれば種類も限られるだろうし、同じ物ばかりで溢れていそうだ。

最初から観葉植物についてコメントしなければよかったのだが、まさかそんなことになるとは思ってもいなかったのだろう。

『俺自身が年齢を重ねるにつれて、
植物の奥深さを感じるようになったんです。
それに毎日面倒をみてると、
ペットと同じで子育てをしている感覚にもなっちゃう（笑）。
ちゃんと毎朝ご挨拶とご機嫌伺いで声をかけて、
めちゃめちゃ可愛がってますよ。
俺の部屋に来てくれたからには幸せに育てたい。
これからもどんどん増やしていって、
ゆくゆくは部屋をジャングルみたいにしたい野望もあります』

――そう話す平野紫耀。

そんなこと言ってるからプレゼントされまくるんじゃないの？

『ちょっと幹が太い子は、自分で水分を触って確認する必要があるんですよ。
「これ以上は水分をあげちゃいけない」っていうラインがあるので。
だから朝、「おはようございます」って声をかけながら、
手で触ってプニプニしてから仕事に行くのを日課にしてます』

平野紫耀に〝プニプニ〟されるなんて、相手は植物とはいえ、「幸せすぎて嫉妬してしまう!」と歯ぎしりする皆さんも多いだろう。

しかし、だ――。


『これは別に明らかな虫を見つけたわけではないんですけど、
観葉植物が増えれば増えるほど、なぜか虫に刺される場所が増えて。

かといって殺虫剤とか、観葉植物にかけるわけにはいかないじゃないですか?

植物に安全な虫除けはしてるけど、きっとそれじゃ足りてない。

でも俺、ムヒのCMしてるから、あまり〝虫刺されで悩んでいる〟とは人前で言えない。

……まあ、あまりにもカユいときはムヒ塗って抑えてますけど』

観葉植物に虫がわく原因は、もともと観葉植物の土に虫の卵が産みつけられていたケース、畑の腐葉土や堆肥などを使って観葉植物を育てた場合、虫の卵が産みつけられていることに気づかないまま使ってしまうケース、水をやりすぎると湿気が溜まり、虫が住みやすいジメジメとした土になるケースなどがあるという。


『それはもちろん最初に習っていて、気をつけてはいるけどね。

それに俺も勉強して〝こまめに枯葉を取り除く〟〝受け皿の水をこまめに捨てる〟〝土を蒸れさせない〟〝有機質の少ない土に植え替える〟とか、やってることはやってるよ。

そういうお世話も楽しいし、観葉植物の奥深さを感じさせてくれる』

何だかんだいって、楽しんでいるご様子。

まあ、ムヒがあればカユみも収まるんだし、可愛い植物のために我慢すればいいんじゃない?

『そういえば去年、ジンとシンガポールの植物園に行ったじゃん。
あのとき、可愛い子ちゃん見つけたから、
今度行ったらコッソリと連れて帰ってこようかな（笑）』

それは空港の税関の植物検疫でＮＧだから、絶対にダメだけどね。

平野紫耀がハマる〝観葉植物生活〟は、虫刺されを気にしつつも、まだまだ続きそうだ。

平野紫耀、人間ドックにビビる⁉

Number_iのメンバーもそれぞれ2024年の誕生日が来ると、すでに27才の誕生日を迎えている平野紫耀を筆頭に、神宮寺勇太27才、岸優太29才となり、3人とも30代にまた一歩近づくことになる。芸能界の仕事はハードで、睡眠時間も皆さんの想像以上に短い。さらに食事をはじめとする一日のルーティンも不規則で、決して健康的な生活を営んでいるとは言い難い。それでも3人はファンの皆さんのために全力で仕事に取り組み、疲れていても笑顔を絶やさない。

しかしさすがに20代後半になると、それまでは若さや体力だけで乗り切れた仕事も負担を感じるようになるので、体調管理や健康管理にも真剣に取り組まなくてはならない。30代、40代も良質なパフォーマンスをお届けするためには、20代からのケアは必要不可欠だといえるだろう。

現在Number_iの3人はTOBEが用意した管理栄養士のアドバイスを受け、日々の食事や栄養の摂取を心掛けているというが、今後は定期的に特定健診や人間ドックを受診することになるという。

『俺自身はまだ本格的な検査とか受けてないし、
プライベートの同世代の友だちとかも、「若いから大丈夫!」って言ってる。
でも(三宅)健くんとか北山(宏光)くんには、
「できるだけ若いうちに検査して、
安心して仕事に集中できるようにしなきゃダメだ」
――って言われてるんですよ。
ジンとか岸くんは、胃カメラの経験はあるみたいだね。
いつの間に受けたのか、全然知らなかったけど』

神宮寺勇太の場合、麻酔薬と鎮痛剤の注射でもハッキリと意識が残り、カメラを飲み込む苦痛こそなかったものの、自然にこぼれる涙と鼻水を止めることができなかったそうだ。

『そう聞くと怖いよね。
ジンは「全然平気だから」って言うけど、
涙と鼻水まみれで検査を受けるのはちょっと……。
その話をしたとき、岸くんは苦笑いしていただけだから、
きっとジンよりヒドいことになってたんじゃないかな（笑）』

――その可能性は高いかも？

『あと健くんによると、
CT検査はすぐに済むけどMRI検査は時間もかかるし騒音がすごくて好きじゃないらしい。
俺、CTとかMRIとかアルファベットだけで言われても全然想像がつかないんだけどさ。
健くんに言わせると、
MRI検査は自分の脳血管が360度の方向から立体的に映ってるらしくて、
「その画像を見たときは感動した」って言ってた。
俺はどんな検査でも大丈夫だとは思うけど、
怖いのは万が一にも病気が見つかったときとか、
あとバラエティ番組でよく芸人さんが検査受けて、
「あなたの余命は何年です」とか言われてるじゃん、
ああいうの見ると、検査をバラエティにするのはやめて欲しいって思っちゃうね。
番組側は芸人さんを脅して楽しんでるみたいに見えるからさ（苦笑）』

ちなみに三宅健と北山宏光は――

『特に平野が人間ドックをビビってたから面白かった』〈三宅健〉

『あいつ、可愛いんだよ。
本気で胃カメラにビビって、
「今日眠れないかもしれない」――とか言ってたもん（笑）』〈北山宏光〉

どうやら平野紫耀の反応を楽しむために人間ドックを勧めたようだ。
2人の動機はともかく、これを機に平野紫耀も少しは健康について気にするようになったんじゃないのかな。

"ものすごく緩やかな共演NG"リスト

2024年4月12日、テレビ朝日系『ミュージックステーション』2時間SPで20th Century、WEST.と共演を果たしたNumber_iに対し、マスコミでは「辞めジャニが現役（旧ジャニーズタレント）と歌番組で共演するのは異例」との声が多く上がったが、数々の人気バラエティ番組を手掛ける民放キー局の某プロデューサー氏は、こう話す。

「そもそも旧ジャニーズ事務所を辞めてからもヒット曲を出した歌手は郷ひろみしかいないし、せいぜいその下が田原俊彦ぐらい。歌番組で共演するレベルに達していないだけの話。ここ数年、旧ジャニーズ事務所を辞めても露出するメンバーは増えましたが、こと歌番組に関しては、旧ジャニーズ事務所を辞めてヒットを出したのは、郷ひろみ以来、Number_iが初めてでしょう」

その郷ひろみが旧ジャニーズ事務所を退所したのは1975年の話で、歌手としての全盛期を迎えたのは1980年代半ばまで。それからNumber_iまで約40年の月日が流れているのだ。

『『Mステ』さんに出演させていただくのは約1年ぶりぐらいでしたけど、
Number_iとしては初出演だったので、
とにかく3人で「俺たちらしく楽しもう!」——と、
珍しく円陣なんかやっちゃいましたよ』

20th Centuryの3人(坂本昌行 長野博 井ノ原快彦)は大先輩すぎるが、WEST.の7人
については——

『共演できてめちゃめちゃ感慨深かった』

——と話す平野紫耀。

他のエピソードでもお話ししているが、元ジャニーズの振付師・ボビー吉野氏の紹介で旧ジャニーズJr.入りした平野紫耀は、2012年2月に旧関西ジャニーズJr.入り。

そのとき、WEST.のメンバー7人は、旧関西ジャニーズJr.のトップに君臨していたのだから。

『でもWEST.の皆さんも俺から見たら先輩すぎる方ばっかりで、
濵田くん、流星くん、神山くんは（旧関西Jr.に）入った翌年ぐらいに、
『SHARK』で共演させてもらうんですけど、
中間くんと桐山くんは話しかけるのもおこがましいぐらいの大先輩。
皆さん怖くはなかったですけど、当時の俺からしたら、
俺が（旧）関西Jr.に入ってKinKanやり始めてすぐぐらいの感覚でCDデビューされてたんで、
風のように去っていった先輩方ですね（笑）』

そんなWEST.、特に名前の挙がった桐山照史とMCコーナーでサウナの話題で絡んだとき、
平野紫耀は内心――

『ドキドキして大変だった』

――と可愛い一面を明かす。

『だって（旧）関西Jr.にいた頃も、そんなに話したことないのに。
まさか今、Number_iとWEST.として絡むことができるなんて……』

WEST.とは対照的に平野紫耀が――

『おめでたいけど、どんな顔して絡めばいいのか難しい』

――と本音を語るのが、この2024年5月15日にCDデビューしたばかりのAぇ！groupに対してだった。

『Aぇ! groupって、
King & PrinceがCDデビューした翌年に結成されたんです。
だから元（旧）関西Jr.の俺も（永瀬）廉も、
Aぇ! groupが結成されたときのことは全然知らない。
もっと言うと、コジケンは俺がまだ（旧）関西Jr.にいる頃に入ってきた後輩だけど、
佐野（晶哉）くんは被ってないから全然知らない』

平野が言うには『知らないメンバーがいるから〝絡み方が難しい〟』のではないという。


『誠也くん、リチャくん、正門くんって（旧）関西Jr.の先輩なんですよね。

正門くんはかろうじて同学年（1996年11月28日生まれ）だけど、
誠也くんとリチャくんは先輩だけじゃなく年上でもある。

だからタメ口とか、その3人には絶対に使えない（笑）。

でも一応、もし共演したら向こうは〝こっちが先輩〟の体で絡んでくるじゃないですか？

……だからめっちゃ難しい』

そこにはさらに、こんな〝秘話〟も——。


『誠也くんとリチャくん、それとなにわ男子の丈くんの3人は、
ぶっちゃけKin Kanのこと嫌いだったと思うんです。

(向井)康二くんとは仲良く話してましたけど、
誠也くんたちから見た俺は、

〝いきなり(旧)関西Jr.に入ってきて真ん中のユニットに入りやがったヤツ!〟でしかない。

それが俺ですから。

レッスンしてるとき、いっつも3人が隅のほうから俺を睨んでるんですよ。

誠也くんとリチャくん、丈くんはめっちゃ怖かった(苦笑)』

——当時を振り返って苦笑いの平野紫耀。

『まあ、もし共演することになったら、そのときに考えればいいんですけどね。

もし共演NGリストを作ってもいいと言われたら、

〝ものすごく緩やかなNG〟にさせてもらいたいかも（爆）』

――そう言って笑った平野紫耀。


これからAぇ！groupと番組で共演する機会もあるだろう。

そのとき、平野と末松とリチャードがどんな絡みを見せてくれるのか、気になるところ。

それにしても〝ものすごく緩やかな共演NG〟って、どんなNG!?

『サマソニ』出演に懸ける平野紫耀の意気込み

2024年8月17日、18日に開催される『SUMMER SONIC 2024』に、Number_iの主演が決まった。

『今年(2024年)は海外では、
『コーチェラ(Coachella Valley Music and Arts Festival)』、
日本では『サマソニ』って、超どデカい音楽フェスに立て続けに出演することができて、
目の肥えた音楽ファンの皆さんに生パフォーマンスをお届けすることができるのは、
本当の本気で幸せ。
今後、『サマソニ』以外の四大フェスを制覇できればもっと嬉しい』〈平野紫耀〉

日本の音楽フェス、特に夏場の野外フェスには〝四大フェス〟と呼ばれる大きなイベントがある。

それが『FUJI ROCK FESTIVAL（フジロック）』『ROCK IN JAPAN FESTIVAL（ロッキン）』『SUMMER SONIC（サマソニ）』『RISING SUN ROCK FESTIVAL（RSR）』で、中でも『サマソニ』は2日間に渡る都市型ロックフェスティバルと呼ばれ、2024年の場合は8月17日と18日の2日間、千葉県・海浜幕張のZOZOマリンスタジアム&幕張メッセ（東京会場）と大阪府・吹田市の万博記念公園（大阪会場）で同時開催。初日の出演者を2日目は東西で入れ替える方式の音楽フェスだ。

「『サマソニ』は2000年から開催され、今年で24回目（2020年はコロナ禍で中止）を迎える伝統の音楽フェスです。2日間の同時開催で出演アーティストを入れ替える手法はイギリスのレディング&リーズ・フェスティバルの形式を採用したもので、他の四大フェスが泊まり込みで楽しむ音楽ファンが多い中、開催当初から「日帰りでも気軽に行ける都市型夏フェス」のコンセプトで開催を続けています」（音楽ライター）

開催の詳細や出演アーティストは『SUMMER SONIC 2024』の公式サイトに譲るが、今年はなんとCHRISTINA AGUILERA（クリスティーナ・アギレラ）といった大物アーティストの参加も予定されており、その他にも馴染みのあるところではGLAY、星野源、SUPER BEAVER、BE:FIRST、新しい学校のリーダーズ、ATEEZ、ちゃんみな、Creepy Nuts、平井大、羊文学、INI、IVE、JO1、水曜日のカンパネラなど、音楽ファンの嗜好の変化や多様化に合わせ、J-POPとK-POP、ポップパンクからベテランミュージシャンまで多種多様の音楽が楽しめるアーティストの構成になっている。

2日間で10万人から12万人の観客がフェスを楽しみ、2014年には旧ジャニーズ事務所から史上初の音楽フェス参加をTOKIOが果たし、2018年と2019年（東京のみ）にはENDRECHERI（旧ENDLICHERI☆ENDLICHERI）も出演している。

『先輩ではTOKIOさんと堂本剛くんしか、
『サマソニ』に出演していないんでしょ?
俺たちはTOBEの一員として新しい歴史を作って、
来年以降、IMP.とかTOBEの仲間に繋げたい。
もちろん自分たちも出る気満々だけどさ』

――そう話す平野紫耀。

旧ジャニーズ事務所の先輩でいえば、かつて関ジャニ∞(現SUPER EIGHT)がテレビ朝日主催の都市型のフェス『METROPOLITAN ROCK FESTIVAL 2017(メトロック)』に出演している。

『『コーチェラ』のときも感じたんだけど、
基本的にフェスのファンの皆さんって、
内心〝(コイツら、どんだけやれるんだ!?)〟的な視線でステージを見てんのよ。
今年の『サマソニ』って、やっぱり一番の目玉はクリスティーナ・アギレラだし、
他にも海外から渋いアーティストさんがたくさん参加する。
そんな中で、Number_iがどれだけお客さんの目と関心を引くことができるのか?
俺は個人的に、フェスでの成功が今後の自分たちの活動に大きく影響すると思ってるから、
ここは絶対に負けられないね。
他のアーティストさんと戦うわけじゃなくて、
俺たちとお客さんとの戦い的な』

その心意気はカッコいいし、STARTO ENTERTAINMENT以外のダンス&ボーカルユニットとして先頭を走るJO1、BE:FIRST、INIの3組が出演することも、平野紫耀の闘争心に火を点けているようだ。

『まあ見ててよ！
絶対に沸かせるから！』

――自信のほどを語った平野紫耀。

この夏の『サマソニ』出演で、Number_iはさらに大きく羽ばたいてくれそうだ。

平野紫耀フレーズ

『2024年1月1日から始まったNumber_iの物語は、
もう走り出したら止まらない。
みんなも遅れずについてきて欲しい』

Number_iの快進撃は、傍らにファンのみんながいてくれればこそ。誰よりもそれを感じているのはメンバー自身なのだ。

『簡単に辿り着けない高見だからこそ、登る価値がある。
俺たちが（旧）ジャニーズを辞めたのは、
その高見に自力で登ってみたいから』

平野紫耀とNumber_iにとって自力で高見に登り詰めることこそ、あえて（旧）ジャニーズ事務所を飛び出したモチベーションの一つになっているのだ。

『ちょっと前に岸くんが、
「何ごともやってみる!
最初のチャレンジは手探りの1回目だけど、次は2回目で経験値が高くなる。
その経験値のためにも」
——って言ってて、
同じセリフをSixTONESがデビューするときに慎太郎から聞いていて、
『DASH!!』繋がりかと思うと嬉しくなった』

SixTONESの四大ドームコンサートのステージで堂々と『GOAT』の振りコピをするほど、平野紫耀との親密さを隠さない森本慎太郎。その森本が岸優太に伝えたセリフ、以前聞かされていた平野紫耀は嬉しくてたまらなかったと明かす。

『最近〝ビジネス天然〟って言われたことがあって、
それについてスタッフさんたちに、

「ビジネスの天然って、俺はガスじゃねえよ!」

——ってボケたら、全然通じなくて悲しかった(笑)。

ひょっとして天然云々じゃなく、ギャグセン(ス)の問題?』


そうかもしれない(爆)……というのは冗談で、確かにKing & Prince時代と比べ、わずかながら(?)天然発言が減った平野紫耀。しかしあえて言おう! もしビジネスだったとしても、それのどこが悪いのか!?

『自分が何者でもないうちは〝壁〟なんて言葉は使わないほうがいい。
壁を感じるってことは、自分の限界を勝手に設定してるだけ』

思い通りにいかないことは〝壁〟ではない。平野紫耀は〝壁〟という言葉が何よりも嫌いだと明かす。逆にその一方で、「〝壁を壊す〟〝壁を乗り越える〟ことに無類の快感を感じる」——とも。

『今日どれだけ強く願っていても、明日の結末はどうなるかわからない。
つまり未来はわからないし、わからないからこそ面白い。
どんな状況になっても対応できる、状況を楽しめる自分でいたい』

平野紫耀の〝強さ〟を象徴するメッセージ。どんなに困難な状況でも、それを楽しめる自分でいれば、困難は困難ではなくなるのだ。

『あんま恥ずかしいから言いたくはないんだけど、
ジンと岸くん、そしてファンのみんながいてくれるからこそ、
俺の1分1秒は特別な時間を刻んでくれるんだよね』

このメッセージには解説など必要がない。このメッセージ通り、
そのままの気持ちを受け取ってくれればいいのだから。

『ファンの人たちに伝えたいのは、「愛してる」と「大好き」を超えるメッセージ』

どちらも「好き」の最上位互換だけに、それを超える言葉は簡単には見つからない。だからこそ、そのメッセージをパフォーマンスに込める平野紫耀。

2nd Chapter

神宮寺勇太

Yuta Jinguji style

神宮寺勇太が語った〝Number_iの夢〟

5月27日、Number_i待望のミニアルバム『No.O－ring－』（ナンバリング）のCDリリースとネット配信が開始された。

「『No.O－ring－』のリード曲『BON』のミュージックビデオは、その独特な世界観で大きな話題となり、配信から24時間で650万回再生を超えました。この『BON』はミニアルバム『No.O－ring－』の収録曲で平野紫耀くんがプロデュースした2曲のうちの1曲ですが、盆栽や盆踊りなどの映像を取り入れ、世界進出を意識してか〝和〟をテーマに演出されています。さらに特筆すべきは、世界中に配信されるYouTube配信バージョン。日本語に加え10カ国語の翻訳字幕に対応している点で、より世界を意識した作りになっていることがわかります。この『BON』がYouTube配信された2日後、IMP.の『NINNIN JACK』も配信されましたが、こちらもタイトルからおわかりの通りNIN JACK（忍者）をテーマにした英語曲で、TOBE社は〝和テイスト〟を前面に押し出して世界進出を果たそうとしているように感じます」（音楽ライター）

Number_iのミニアルバム『No.O -ring-』は初回生産限定盤と通常盤で収録曲が一部異なり、初回盤は全7曲、通常盤には初回盤プラス1曲の全8曲が収録されている。

1曲多い通常盤に収録されているのは、神宮寺勇太プロデュース楽曲『花びらが舞う日に』で、共通する7曲は『BON』(平野紫耀プロデュース)、『OK Complex』(岸優太プロデュース)、『SQUARE_ONE』(神宮寺勇太プロデュース)、『No-Yes』(岸優太プロデュース)、『i』(平野紫耀プロデュース)、『Banana (Take It Lazy)』(岸優太プロデュース)、『夢の続き』(神宮寺勇太プロデュース)と、3人それぞれのプロデュース楽曲で構成されている。

「一般的には初回限定盤と通常盤を販売する際、初回限定盤のほうに多くの楽曲が収録されるものです。しかしNumber_i『No.O -ring-』の場合は逆になっている。これはTOBE社・滝沢秀明社長のアイデアで、より多くの枚数が流通する、より長い期間販売される通常盤を一人でも多くの方に聞いてもらえるように、一般的な初回限定盤、通常盤とは逆の収録曲数にしたそうです」

(同音楽ライター)

あえて平野紫耀だけ1曲少ないのも、神宮寺勇太ファン、岸優太ファンを意識したためだとか。

「2人のファンには残念ながら、事実として現状は平野紫耀くんの圧倒的なエース感は否めない。

その平野くんのプロデュース曲が最も多く制作されるのではなく、こと音楽面においては神宮寺くん、岸くんのプロデュース力、オリジナリティの高さを証明し、2人のファンにも喜んでもらいたい。

それが滝沢社長の狙いです」(同前)

自らのプロデュース曲『花びらが舞う日に』『SQUARE_ON』『夢の続き』について、神宮寺勇太はこう語っている——。

『俺の場合は歌詞を意味のあるものにしたくて、特にストーリー性にはこだわりましたね。
タイトルに『バナナ』とか、「岸くん、出オチじゃん(笑)!」とは対照的に。
まずNumber_iのピースとしての自分は、
パフォーマンスを究極まで高めることばかり考えてますけど、
神宮寺勇太個人としては〝作家〟としてのクリエイティビティを追求したい。
だから今回の3曲はその手始めの曲というか、
原点になる〝可愛い俺の子どもたち〟的な感覚でいます』

『バナナ』のタイトルが出オチかどうかはともかく、『No.O -ring-』初回限定盤と通常盤に収録されている8曲のうち、日本語タイトルが採用されているのは神宮寺勇太プロデュースの『夢の続き』『花びらが舞う日に』の2曲のみ。たとえ『BON』に〝盆〟の意味が込められていたとしても、タイトル表記はあくまでもアルファベットであり、神宮寺勇太プロデュース楽曲のような日本語タイトルのほうがわかりやすい。

『俺が〝わかりやすさ〟もテーマにしたの、よく伝わりましたね。
『夢の続き』『花びらが舞う日に』ってタイトルは、
それだけである程度は全体像が見えると思うんですよ。
もう一曲の『SQUARE_ONE』は英語タイトルですけど、
英単語一つじゃないので意味を読み取ってもらうこともできる。
「神宮寺、こんなこと考えてタイトルつけたんだな」――って感じてもらえたら幸せ』

そして神宮寺勇太は――

『今後ともメインの楽曲やアルバムのリード曲は紫耀のプロデュース曲でいくと思うけど、
俺は紫耀や岸くんが楽曲作りに煮詰まったとき、
「ジンの曲聞いてみるか」ってなるような〝支え的な存在〟になりたい。
Number_i の音楽を側面から支えたい』

――と、控え目に語っているそうだ。

『俺的には全然控え目じゃなくて、むしろ「俺がいなきゃ Number_i の音楽は成立しない」ぐらいの、
いい意味でワガママな存在になりたいと思ってる。
〝最後に頼れるのは神宮寺勇太〟――みたいな（笑）。
だから音楽に関しては、これからちゃんと勉強したい希望もあるし、
たとえば将来的には、ハイスピードラップなのに3人の息が合って〝コーラスにもなってる〟みたいな、
誰もやっていない音楽を送り出したい』

Number_iの音楽面での夢を語った神宮寺勇太。

『誰もやっていない音楽を送り出したい』

神宮寺勇太、そしてNumber_iがどんな新しい音楽を生み出していくのか。
期待せずにはいられない。

神宮寺勇太、そしてNumber_iの〝ライブに懸ける熱い想い〟

平野紫耀、神宮寺勇太、岸優太にとって、2024年3月14日から17日にかけて開催された『to HEROes ~TOBE 1st Super Live~』は、言うまでもなくNumber_iとして初めてファンの前に立つライブステージとなった。

現在、『裏to HEROes』と題したビハインドストーリーも配信されている。

『その『裏to HEROes』でめちゃめちゃ照れちゃったのが、

紫耀と岸くんが俺について語ってくれたシーン。

紫耀は俺のこと「改めて見たらすげえ美人」――なんて言ってくれていたし、

岸くんも「同じメンバーでもマジかっこいい！

髪のウェット感とかも、こんなに濡らすなんて聞いてないし」――って、

〝そこまで褒めなくてもいいじゃん!?〟って、逆に気持ち悪いぐらいだった（笑）』

そう言って笑う神宮寺勇太だが、確かに2人の神宮寺勇太に対する評価は、普段『聞いたことがないよ』と本人が赤面するほどの絶賛ぶりだった。

しかし(旧)ジャニーズJr.時代から考えると、もう10年以上はお互いに切磋琢磨し合ってきた関係性があるのだから、そこは素直に受け入れてもいいのでは?

さらに岸優太に至っては、神宮寺勇太について——

『最近はより一層脱皮した感がある』

——と、そのパフォーマンスの進化を丁寧に説明しながら認めてくれていたし、そんな岸優太に対して、

『メンバーにファンいるって!』

——とツッコむ平野紫耀も、ツッコミながら『(岸くん、わかってるじゃん)』とでも言いたげに嬉しそうな表情を浮かべていた。

まさに3人それぞれがお互いの強味をよくわかっているのが伝わってくる瞬間ではなかっただろうか。
SNSでも「3人の関係がエモすぎる」と大評判だったのだから。

『正直さ、俺はただただ一生懸命にやってるだけだし、
それは紫耀も岸くんも同じだと思う。
俺たちには自分たちが努力した結果をパフォーマンスで発揮する義務があるし、
そういう部分で認められたい。
それに『toHEROes』はたまたま会場が東京ドームだったけど、
4月のコーチェラも6月の有明（有明アリーナ）もそれは同じ。
会場がどこだろうと、俺たちにできる〝最高〟をみんなに見せつけたい』

神宮寺勇太の『最高をみんなに見せつけたい』のセリフは自信に溢れているが、同時にライブが〝ナマモノ〟であるがゆえの難しさを改めて感じさせられたそうだ。

『まあ、ライブにアクシデントがつき物なのはJr.時代から経験してきたことだけど、
3月の『toHEROes』は3人とも久々のライブだったこともあって、
本番で歌詞が飛んだりして大変だったよ（苦笑）。
中でも『FUJI』は、まず紫耀が歌詞を飛ばしてギリギリで歌い方を変えて対処したし、
俺は俺で歌の途中で客席を煽りまくっていたのは、
半分は歌詞が飛んで出てこなかったから。
岸くんも似たようなことやってて、
逆にいえばこれまでのアクシデント経験があったからこそ、
内心は焦りまくりでも笑顔はキープできていたけど（笑）』

神宮寺勇太はライブがスタートしてからの約40分ほど、東京ドームの客席があまりにも〝静か〟だったことに、ある種の〝恐怖〟を感じていたとも明かす。

『すごいんだよ、全然歓声がないの。
想像とまったく違ったから、
最初は『(えっ!? TOBEって認められてないの?)』——って勘違いしそうになった。
ステージに出てみてそれが〝撮影タイムだから〟って気づいたけど』

『toHEROes』では観客がSNSで拡散するための動画撮影タイムが設けられていたが、TOBEメンバーたちの歌声以外が動画に残ることを避けるため、カメラを構えた観客のほとんどが歓声を送らず、ただ黙って黙々と撮影に集中。そのため動画撮影が許された時間帯、つまり最初の全体MCまでは、アイドルのコンサートとは思えないほど静かな時間が流れた。

ステージ裏でスタンバイしていた神宮寺勇太には、その静けさが『何で!?』と恐怖を覚えるほどのインパクトだったのだ。

『最初のコンサートで撮影タイムやっちゃったから、
今後なかなか「もうやめま〜す」とは言いがたい部分もあるだろうし、
まあそのあたりは（滝沢秀明）社長が判断するとして、
個人的には構成とか演出の一部にどう組み込むかは考えどころだと思う。
それは俺たちに限ったことじゃないけど、
1回やってみないとわからないこと、結構あるからね』

久々のコンサートでは先輩の三宅健、北山宏光らも感心するほどのストイックな姿勢でリハーサルに臨んでいたNumber_i。

TOBEの長老（?）であり、旧ジャニーズ事務所時代はSMAPのバックダンサーからキャリアをスタートさせ、あらゆるアイドルたちの〝裏の顔〟に精通する三宅健も驚くほどだった。

『TOBEにいる人たち、
めっちゃ練習の虫だらけ。
気づけばみんな練習してる。
特にNumber_iって、あんなに練習するんだね。
めっちゃ実績あるのに』

――と評するほどで、その練習量の多さがコンサート中のアクシデントやハプニングを感じさせない
パフォーマンスを生み出していたのだろう。

『あとスッゲえ嬉しかったのは、
打ち上げで三宅さんに、
「お前ら（Number_i）って、お互いがお互いをリスペクトし合っているのな。
一緒にやってそれがよくわかった」――と言ってもらえたこと。
三宅さんって、それこそSMAPさんからV6さん、
KinKi Kidsさん、嵐さんって、
俺たちからしたら伝説の先輩方と同じ時代を過ごしていて、
そんな三宅さんから言われたら、
それ以上光栄な言葉は世の中にないと思うもん』

今後、ますます大きな規模のツアーや海外進出を控えているであろうNumber_iにとって、
大先輩の言葉は力強く背中を押してくれることだろう。

〝メンバー内格差〟への神宮寺勇太の正直な想い

平野紫耀のエピソードでもお話ししているが、現在Number_iとしてサントリー「ビアボール」、日本マクドナルド「マックチキンナゲット」のTVCMに出演している神宮寺勇太だが、平野紫耀がイヴ・サンローランを筆頭に合計8社とコマーシャルの個人契約を結んでいるのに対し、神宮寺勇太は久光製薬「アレグラFX」の1社のみの契約に留まっている。

「そのアレグラFXのCMも今年は例の性加害問題の余波を食らい、事実上オンエアがありませんでした。ただでさえアレグラFXはアレルギー性鼻炎薬で季節性が強いので、Number_i結成後は個人CMはなくなったも同然。それは岸優太も同様ですが」（有名放送作家）

平野紫耀がSTARTO ENTERTAINMENTのタレントを凌駕する勢いで次々とCM契約を決めていることも相まって、神宮寺勇太ファン、岸優太ファンの皆さんはTOBE社に対して「2人の個人CMを取ってきて欲しい。普通に紫耀くんとの格差を感じる」など、SNSなどで正直な声を上げている方をよく見かける。

「『ことNumber_i』という音楽ユニット、アーティストとしてのメンバー間格差のみについては、本人たちやファンの皆さんが意識しているのかどうかは別として、さほど平野くんと神宮寺くん、岸くんの格差は感じさせません。ジャケットやポスターなどのキービジュアルでは主に神宮寺くんをセンターに置いていますし、ダンスのフォーメーションにも偏りはない。むしろ岸くんなどは、King & Prince時代よりも見せ場が増えていますからね」（同有名放送作家）

とはいえファンの皆さんにとっては、TVから個人CMがバンバン流れてくると〝担当（推し）が売れている〟実感を得られるもの。

「ボシュロム・ジャパンがこの4月から平野紫耀出演の『ボシュロム レニュー シリーズ』をオンエアさせた際、多くのファンが〝ボシュロムさんとの再契約、嬉しくて泣いた〟〝事務所が変わっても起用してくれるなんて！ なんて優しい企業さん‼〟〝一生、ボシュロムさんのコンタクトを使い続けます〟などと反応し、広告業界でもちょっとした話題になりました。平野紫耀が東京03の角田晃弘と出演しているサントリー『翠ジンソーダ缶』の売り上げは前年比約230％（2．3倍）に上るそうで、その購買層の主力は20代から30代の女性。今や翠ジンソーダ缶は宅飲み人気No．1になっています」

（広告代理店営業マン）

確かにそれを聞くと平野紫耀に企業CMのオファーが殺到するのも頷けるが、神宮寺勇太と岸優太を単独でCMに起用してみないと、2人の持つ潜在的な訴求力を測ることもできまい。ファンの皆さんの間から「モデルでも俳優業でもCMでもいいから、神宮寺くんの魅力をもっと味わいたい」と願う声が上がるのも当然だろう。

『このギョーカイの中にも紫耀ばっかり単独CMが決まってどうこう言ってくる人がいるけど、俺も岸くんも積極的に〝CMに出たい！〟って手を挙げるタイプじゃないから、「お話をいただけたら頑張ります」ぐらいにしか捉えてないんですよ。

ちょっと前に俺と岸くんの〝Wゆうた〟で、「CMだけの架空ユニットとかどうですか？ Ｋｉｓ‐Ｍｙ‐Ｆｔ2の舞祭組みたいな。……いえ、お2人はブサイクではありませんけど」――みたいな企画を目にしたけど、そのあと特に話が進んだ形跡はないね（笑）。

まあアレグラ星人とか全力でやってる俺だし、岸くんとのお笑いユニットも全力でやるけどさ』

――そう明かす神宮寺勇太。というか〝お笑いユニット〟なんて、ひと言も言われてないけど。

『それよりも今は、Number_iのパフォーマンスを磨くことしか頭にない。
俺も今年で27才になるから、来年のそれぞれの誕生日までが、
3人とも20代でいられるラストイヤー。
最初に30代になるのは岸くんで、
別に30代になるから急激にパフォーマンスが落ちるわけじゃないけど、
気持ちの問題として全員が20代でいられる今年から来年にかけてが、
Number_iのパフォーマンスがピークに達するときだと思うんですよ。
だから今、俺の頭の中はその想いでいっぱいかな』

平野紫耀と比べて〝CMの出演本数がどうこう〟なんて、神宮寺勇太には気にする余地もないのだろう。

『ファンの皆さんの期待に応えたいって意味では、
個人でオファーをいただけたお仕事は何でも全力で臨んでますし、
その姿勢には嘘はありません。
でも俺自身、究極「Number_iでパフォーマンスをする神宮寺勇太を見ていて欲しい」
――って想いが何よりも優先してますね』

今の想いを正直に語った神宮寺勇太。

『Number_iでパフォーマンスをする神宮寺勇太を見ていて欲しい』

それが神宮寺勇太の何より優先する想い。
……とはいうものの、できれば〝Wゆうた〟のギャグユニットは一度でいいから見てみたい気もするけど。

役者・神宮寺勇太の舞台に懸ける〝覚悟と責任〟

『FUJI』『BON』『NIN-NIN JACK』など和テイストをウリにするTOBE社・滝沢秀明社長が水面下で進めているのが、2023年にファナーレを迎えた和テイストの完成形『滝沢歌舞伎』TOBE版での復活劇だとされる。

「実質『滝沢歌舞伎』は滝沢秀明氏がタレントを引退した2019年以降はSnow Man主演の『滝沢歌舞伎ZERO』に生まれ変わっていて、本当の意味でのファイナルだった『滝沢歌舞伎2018』では、滝沢秀明社長と三宅健くんのスペシャル新ユニット『KEN☆Tackey』の結成とCDデビューが発表されました。その〝元相方〟の三宅健くんもTOBEに所属しているわけですから、今度は三宅健くん主演、北山宏光くん、Number_i、IMP.、大東立樹くん、研修生出演の舞台が製作されることは自然の流れともいえます。さすがに『滝沢歌舞伎』とはいわないでしょうが、『滝沢歌舞伎』自体は旧ジャニーズ事務所の登録商標ではありませんし、『三宅歌舞伎』の可能性は残る。現に三宅くんは歌舞伎に対しても造詣が深く、歌舞伎界の人脈は滝沢社長よりも広い」（舞台関係者）

そしてその舞台で見せ場を作りそうなのが、神宮寺勇太による空手の演舞だと囁かれているそうだ。

「神宮寺くんは旧ジャニーズJr.時代から『ガムシャラ!』などのバラエティ番組や先輩のバックについたコンサートなどで、まわりから促されて空手の型をよく披露していました。また平野くんも『King & Prince る。』で空手の瓦割りに挑戦したり、岸くんもその気になれば回し蹴りやハイキックもこなせるでしょう。本人たちがやりたいかやりたくないかはさておき、日本の武道・空手は海外ウケも抜群。『三宅歌舞伎』に留まらず、今後の海外でのパフォーマンスに取り入れられる可能性も捨てきれません」(同舞台関係者)

ちなみに神宮寺勇太は旧ジャニーズJr.時代からKing & Prince時代を通し、2013年の『DREAM BOYS JET』、2019年の『DREAM BOYS』、2020年から2021年にかけての『DREAM BOYS』(2ヶ月公演)には出演しているが、旧ジャニーズJr.入りして以降、『滝沢演舞城』『滝沢歌舞伎』ともに出演経験がない。

『（旧）ジャニーズJr.時代もKing & Princeでデビューしてからも、
『滝沢歌舞伎』は見させてもらってきたよ。
Snow Manだけじゃなく、
Travis JapanやHiHi Jetsのメンバーも何人か出ててさ。
すげえ大変な舞台だとは見学だけでわかったけど、
「一度でいいから俺も出てみたかったな」――の気持ちは今でも持ってる。
『DREAM BOYS』は2019年、2020年と岸くんと一緒で、
でも俺は2番手だったわけでさ（主演は岸優太）。
悔しいとかそんなんじゃなく、両方呼ばれる存在になりたかったんだよね』

――〝両方〟とは『DREAM BOYS』と『滝沢歌舞伎』のこと。

『俺もいろいろと噂だけは聞いてて、
実際（三宅）健くんに「俺と北山で舞台やったらお前出る？」――と言われたときは、
ソッコーで「ハイ！」って返したんだけど、
ウチには劇団四季さんの舞台で揉まれたリッキー（大東立樹）もいるし、
「俺自身がもっと経験を積まなきゃ相応しくないかな」……って若干の悩みもあるんだよね。
やっぱドラマとはいえ北山くんのお芝居（『君が獣になる前に』）や、
リッキーのミュージカルとか見てると、
まだまだ自分自身、「一から磨くべき部分も多いなァ～」って感じさせられるから』

――正直に今の気持ちを語る神宮寺勇太は、まさに向上心の塊なのだ。

『そういうわけでもないんだけど、
舞台やミュージカルのチケット代って年々値段が上がっていて、
それに見合うお芝居やパフォーマンスをお見せすることは役者の使命だと思ってるし、
見てくださる皆さんにとっては、
その一回の舞台が一生の思い出に残るかもしれないわけで、
「だったら演者もそれなりの覚悟と責任は持つべきじゃない？」——って、
本気で思ってるだけ』

舞台に懸ける真摯な想いを語った神宮寺勇太。

彼のこの〝覚悟と責任〟がある限り、役者・神宮寺勇太はこれからも成長し続けるだろう。

バイク芸人(?)神宮寺勇太の夢

『ずっと前から「あの番組には出てみたい!」――ってウチの現場スタッフには話していて、『Mステ』に出させていただいたときも、「同じ局だからなんとか繋いでください!!」なんて無理なお願いしてたんだけどね。

やっぱこの前も面白かった。

ますます出てみたくなった』

――と、神宮寺勇太が自ら〝番組出演〟を熱望するのが、テレビ朝日系の深夜番組『アメトーーク!』だ。

『アメトーーク!』といえば長野博が「ボーイスカウト芸人」に初めて出演して以来、中居正広「ひとり暮らし長〜い芸人」、宮田俊哉「昭和軍VS平成軍　アニソン対決」、大西流星「ビビリ-1グランプリ」などの出演経験があり、特に長野博はこの10年間、「ボーイスカウト芸人」に始まり「明太子芸人」「にんにく芸人」「大根ありがとう芸人」「ちくわ大好き芸人」など最多出演を誇っている。

『もちろん『アメトーーク！』さんなら何でもいいわけじゃなくて、
当然のように〝バイク芸人〟ですよ。
この前（2024 5／16）の放送は草彅剛さんがＭＣ席側のゲストで出演されていたけど、
俺が出たいのは長野さんたちと同じくヒナ壇側（芸人側）ね』

テレビ朝日系『アメトーーク！』の番組説明は今さら必要ないだろうが、神宮寺勇太が芸人さんに混じって『ヒナ壇に座りたい』と熱望するのが、〝バイク芸人〟企画だ。

「神宮寺くんがＫｉｎｇ ＆ Ｐｒｉｎｃｅ時代から大型バイク好きなのはファンの皆さんもよくご存知でしょうが、最近も平野紫耀くんと大型免許を持つ者同士、午前中だけアクアラインをツーリングして楽しんでいるそうですよ」（テレビ朝日関係者）

神宮寺勇太はアメリカ製の大型バイク・ハーレーダビッドソンを乗り継ぎ、過去には〝ＸＬ 883Ｒ 2008年モデル〟を愛車として紹介したこともある。

『俺は子どもの頃からバイクとか車に憧れる〝ザ・男の子〟だったからね。

CDデビューした20才のとき、

「デビューしたら教習所にも通えなくなるんじゃない？」と思って、

「（免許を）取るなら今！」と決意してバイクの免許を取ったんです、

当時は朝イチで教習所行ってから仕事に向かう日々でしたけど、

中型から大型、1ヶ月ぐらいで頑張って取りました。

ようやくバイクに乗れるのが嬉しくて、

全然辛いとかなかったし、むしろ毎日ワクワクしてましたね』

『アメトーーク！』に出演し、名だたる〝バイク芸人〟でもあるケンドーコバヤシ、野性爆弾・くっきー！、チュートリアル・福田充徳、スピードワゴン・井戸田潤たちと語り合いたいと話す。

『ダイアンのユースケさんやハナコの岡部（大）さんも〝バイク芸人〟さんだったんですね。

ケンコバさんのエイジング加工とか、くっきー！さんの旧車とか、

停めてあるのを見ただけで写真を撮らせてもらいたくなるバイクばかりでした』

旧ジャニーズ事務所時代の先輩方には草彅剛を筆頭に、長瀬智也、大倉忠義など、神宮寺が憧れる〝ハーレー乗り〟が多い。

『ずいぶん前に亀梨和也くんと恵比寿のバーでバイクについて語り合ったことがあって、
そのとき亀梨くんに、
「何でKAWASAKIとかHONDAとか歴史に残る日本製の大型バイクじゃなく、
ハーレーが好きなの⁉」――って聞かれたんですけど、
そこは理屈じゃないんですよね。
番組で草彅さんが13台とか14台とか古いハーレーを持ってるって話してましたけど、
俺もその気持ちが痛いほどわかる。
俺の場合、2台や3台はともかく、
そんな10何台も停めておくガレージも購入資金もないけど、
いつかは家の中にイチ推しのハーレーを飾る部屋を用意して、
お酒を飲みながらニヤニヤして眺める生活をしたい。
その程度の夢、ハーレー好きはみんな持ってますよ』

そんな神宮寺はかつてアクアラインをツーリングした際、海ほたるの駐車場でスピードワゴン・井戸田潤の〝ピンク塗装のハーレーダビッドソン〟を見かけたものの、見物人の輪ができていて近寄れなかったことを後悔しているらしい。

『自分が乗りたいかどうかは別として、ハーレー乗りなら一度は井戸田さんのピンクハーレーと写真を撮ってみたい。噂では〝パワースポット〟扱いされてるらしいから（笑）』

〝ハーレー好き〟としての夢を語った神宮寺勇太。

果たして神宮寺勇太が『アメトーーク!』の〝バイク芸人〟企画に出演して、芸人さんに混じって〝ヒナ壇〟に座る日は来るだろうか。

その日が来るのを一番心待ちにしているのは、神宮寺勇太自身だろう。

〝大型バイク乗り〟のポリシー

さて神宮寺勇太が〝大型バイク乗り〟なのはおわかりいただけたと思うが、女子の皆さんの中には「ジンくんも女の子を後ろに乗せて走ってるんじゃない?」……なんて少し不安に思っている方もいるかもしれない。

バイクに縁がない女子の皆さんには少し説明が必要だが、現在バイクでの二人乗りは一般道の場合、排気量51cc以上で定員2名のバイクに限り、普通二輪免許(中型バイクまで運転可能)と大型二輪免許の取得期間が通算1年以上であれば二人乗り条件をクリアすることができ、高速道路の場合は排気量125cc以上、上記免許取得期間通算3年以上であれば条件をクリアする。

神宮寺勇太の場合、20才で大型二輪の免許を取得し、大型バイク(401cc以上)も所有しているのだから、日本国内であればあらゆる道路を二人乗りで走行することができる。

『先に言っておくけど、基本俺は男性でも二人乗りはしたくないタイプ。
運転するときは自分のリズムやバランスを大切にしているから、
後ろに誰か乗せると少なからず影響を受ける。
紫耀とのツーリングもお互いそれぞれの2台でしか行かないし、
よく岸くんが「連れていってくれ」って言うけど、
岸くん自身もバイクに乗るから「3台で行こう」って言うと、
なぜか岸くんはビビって行かない（笑）。
そういえば一度、岸くんが紫耀の後ろに乗ったことがあったけど、
めちゃめちゃ怖がりで、必死にしがみついてた。
あの姿を見ると、絶対に俺の後ろには岸くんを乗せない。
単純に危ないもん』

——とのことなので、皆さんにも神宮寺勇太の後ろに乗せてもらえる未来は訪れそうにない。

『そういえば一度だけ女性スタッフさんに「乗せて」って言われたけど、そのときも、

「俺は乗せないから無理。

でも免許を取ってくれれば、一度ぐらいはツーリングにつき合いますよ」って断ったもん。

その女性スタッフさん、「40すぎて教習所には通えない」って怒ってたけど、
そんなとき紫耀はもうちょっと気の利いた断り方をするんだけどね（笑）』

――そう言って笑う神宮寺勇太。

『昔はヘルメットが壊れたときの予備に一つ入れてたんだけど、
予備が見つかると〝後ろに乗せて〟って言われがちだから、
最近はずっと予備は家に置いて出る。
もし途中でストラップとかが壊れてヘルメットを被れなくなったら、
仕方ないからバイクを運んでくれる業者さんに連絡する。
つまり俺、それぐらい後ろに人を乗せたくないんだよ』

2023年のクリスマスシーズン、平野紫耀に――

『**ジンは女の子にクリスマスプレゼントでマフラー渡しそう。マフラーといってもバイクのね**（※バイクのマフラーとは排気管のこと）』

――とからかわれ、すかさず、

『**ヨシムラの集合マフラーね**（※カスタムマフラーの種類）』

――とネタにはネタで返すほどバイク好きの神宮寺勇太。

大型二輪の免許を取得した直後には岸優太に――

『**ぽっちゃり信者だから、安心して二人乗りできる大型**（**免許**）**にしたんだろ？**』

――と失礼なツッコミも受けていたそうだ。

『もし誰かを乗せる日が来ても、
きっと必要にかられて家族とか、その程度だと思うよ。
すげえ単純な話なんだけど、
バイクは四輪（自動車）と違ってコケたり事故したらどっかしら身体が傷つくわけで、
その責任はドライバーが取らなきゃいけないじゃん。
それが嫌っていう話じゃなくて、
自分の好きでバイクに乗ってんだから、人には迷惑をかけたくない。
だったら二人乗りはしない。
ただそれだけの話』

大丈夫。

そこまで気をつけてバイクを運転する神宮寺勇太には、きっと安全の神様がついてくれてるから。

〝国民的彼氏〟から〝国民的リアコ担当〟へ

神宮寺勇太が5月15日に更新したInstagram投稿が大きな話題を呼び、注目を集めた。

「神宮寺くんがInstagramのアカウントを運用し始めたのは2023年6月からですが、約1年間で60回目の投稿が5月15日の投稿になりました。同じ日からInstagramを始めた平野紫耀くんは神宮寺くんよりもやや多く（同日までに73）投稿してくれていますが、今年のパリコレやイブサンローランのアンバサダーに就任して以降は、ほとんどがスポンサー絡みのファッション系投稿になってしまい、プライベートの素顔を楽しみにしていたファンは少し寂しがっています」

（フジテレビ関係者）

神宮寺勇太のプライベートショットのオシャレさは一目瞭然。神宮寺が『プライベート』の短いコメントとともに投稿した写真は、紺色のトップスに黒いボトムス、頭にはサングラスというカジュアルな姿ながら、誰の目にもそのカッコよさとセンスのよさは明らかなのだから。

「さらに神宮寺くんは24時間で消えるストーリーズ機能をあえて使い、ファンの皆さんに『久しぶりのプライベート写真、どう?』――と囁くように呼びかけるなど、旺盛なサービス精神を全開で披露してくれました。そういえば神宮寺くん自身、『裏toHEROes』で平野くんのことを〝覇王〟と語っていましたが、ある意味では神宮寺くんの〝俺は覇王的な存在ではなく、ファンのみんなの身近にいたい〟気持ちの表れにも感じました」(同フジテレビ関係者)

その感想通り、ファンやフォロワーは久しぶりのプライベートショットに歓喜の声を上げ、SNS上には「かっこいい以外の言葉が見つからない」「ジンくん待ってました!」「嬉しすぎる。プライベート写真が極上すぎる」などのコメントが溢れていた。

『俺から言えるのは、
もしみんなに本当に喜んでいただけたのであれば幸いだし、
昔は自分のことを〝国民的彼氏〟なんて言ってたけど、
これからは〝国民的リアコ〟担当を目指してみようかな？
……なんてね（笑）』

改めて説明の必要はないかもしれないが〝リアコ〟とはヲタク用語の一つで、アイドルや芸能人、スポーツ選手、アニメや漫画のキャラクターなど、現実では恋愛関係になることが難しい存在に対して本気で恋愛感情を抱いている状態を指すワード。推し活やヲタ活で使われることが多く、推しに対して「結婚したい」「つき合いたい」と本気で思っている場合、広い意味で〝リアコ〟といえるだろう。似たような言葉に〝ガチ恋〟があるが、ガチ恋の場合はリアコよりも〝重い〟恋愛感情を示している。

最近ではリアコやガチ恋が過ぎてトラブルが発生したりしているので、アイドル側もあえて「プライベートと仕事は別」などとファンを突き放す発言をする場合もあるが、神宮寺勇太はすべてを理解したうえで、あえて〝リアコ担当〟の言葉を使っているのだ。

『俺がこんなことを言うのは変かもしれないけど、
単純にみんなが推し活やヲタ活していて、
リアコもできないのってつまんなくない？
それに俺たちアイドル側も、
リアコしてもらうに相応しいぐらい、
自分を律するべきだと思うんだよね。
こんなこと言うと〝古い〟とか〝オッサンくさい〟とか言われそうだけど（苦笑）』

要するに神宮寺勇太は〝スキャンダルを起こさない〟自信があるから、「リアコ担当」の言葉を使えるのだろう。

『「国民的リアコ担当でいたいな」――って改めて思ったのは、
Instagramの投稿にみんなが反応してくれて、
それが励みになるというか、
「紫耀と岸くんとNumber_iをやっててよかったなァ～」って心から思えるからなんですよ。
アイドルでもアーティストでも、
自分たちの存在を求めてくれるファンがいてくれるからこそ、
俺たちの存在意義がある。
俺たちがいるからみんながいて、みんながいるから俺たちがいる。
みんなの反応って、お互いを支え合っている証明みたいなものなんですよ』

もちろん平野紫耀も岸優太もファンの皆さんを大切に思っていることは言うまでもないが、それにしても神宮寺勇太のこの言葉は、完全に皆さんを〝リアコ沼〟に誘うのでは?

神宮寺勇太、そしてNumber_iの覚悟と信念

皆さんもご存知の通り、Number_iは公式ウェブサイトの他に、スタッフによるX（旧Twitter）、Instagram、TikTokとオフィシャルYouTubeチャンネルを開設し、さらに個人として3人ともInstagramアカウントを持ち、岸優太のみXアカウントを通してSNSでの情報発信を行っている。

「特に個人Instagramは全男性アイドルの中でも上位の人気を誇っています。岸優太くんは2024年5月中旬現在で約87万人のフォロワーですが、平野紫耀くんは日本人全男性アイドル最上位の約425万フォロワー（同5月中旬現在）、神宮寺勇太くんは約206万フォロワー（同）を誇っています。神宮寺くんはSTARTO ENTERTAINMENT最上位・目黒蓮くんの約239万フォロワーには及びませんが、King & Prince・永瀬廉くんの約151万フォロワーより55万人も多いフォロワーに支持されています」（人気放送作家）

また岸優太はXでも約82万フォロワーを抱えているので、Ｉｎｓｔａｇｒａｍと合算すると約１７０万フォロワーに到達。Ｉｎｓｔａｇｒａｍのフォロワーは今後もインスタライブなどで飛躍的に伸びると思われるので、Number_iの人気の高さは確かな数字として如実にＳＮＳのフォロワー数に表れている。

さて、そんなＳＮＳの活用といえば、誰しもが気になることが——

「メンバーはエゴサーチをしているのかどうか?」

——という疑問だ。

もしエゴサーチをしているのであれば、自分の発信や発言がメンバーの目にとまる可能性もあるので、ファンとしてはドバドバとアドレナリンが溢れ出すに違いない。

「結論から先にいうと、神宮寺くんは間違いなくエゴサーチでNumber_iの評判や評価をチェックしていますね。これはテレビ朝日系『ミュージックステーション』の制作スタッフに聞いたのですが、神宮寺くんから返ってきた事前アンケートには、エゴサーチをしていなければ書けないような情報、たとえば『〝YouTubeでショート動画をたくさん出して欲しい〟とSNSで言われているので、**これからはショート動画にも力を入れたい**』――などの一文が入っていたそうです」(同人気放送作家)

これはあくまでも一説によるが、「神宮寺勇太のみならず、平野紫耀と岸優太もInstagramやXの副垢(私的なアカウント)を持っているのでは?」とされ、特に「Xの検索機能を活用してエゴサーチを行っているのではないか」――との噂が絶えない。

「あくまでもテレビ界で噂されているだけですので。ただしNumber_iの3人に限らず、ほとんどの芸能人はプライベートで使用するInstagramやXのアカウントを持っているのも事実なので、Number_iの3人だけが〝持っていない〟とするのは多少無理があります。しかし芸能人は自分の名前が詐欺に使われることもあるので、私的なSNS運用を認めることはありません」(同前)

さて、テレビ朝日系『ミュージックステーション』制作スタッフにエゴサーチしていることをほのめかした（〝明かした〟に等しい）神宮寺勇太は、そのスタッフ相手にこんな本音を明かしていたという――。

『前の事務所と今の事務所の違いは、
SNSの発信や使用に対して、直接的な指導が入ることがないところですね。
こんなこと大っぴらには言えませんが、
俺らがまだ（旧）ジャニーズ事務所にいた頃は、
Instagramや当時のTwitterを公式に使っていた先輩たちでも、
マネージャーさんやSNS専用のスタッフさんが自分たちに成りすましてアカウントを回していた。
でも今の事務所では、自分たちのアカウントは自分たちの責任で自分たち自身が発信している。
慣れるまではスタッフのチェックが入っていたけど、今は完全に自分たちに任されています。
逆にその分、慎重にもなっていますけど』

〝自分たちの想いを自分たちの言葉でファンのみんなに伝えたい〟

――それがNumber_iの願いなのだ。

『だけど今はすぐにいろんなチェックや指摘をされて炎上する時代だから、
それが気になって本音を100パー出せないのも事実。
だからこそ自分たちがやっていること、
進んでいる道を受け入れてもらえているのかどうか、
俺がメンバーを代表してエゴサーチしてるんですよね。
紫耀とか岸くんに任せると、
いつかエゴサーチに反応して炎上騒動とか起こしたりしそうだから（笑）』

――確かにそこは冷静な神宮寺勇太が対応するに限る。

『俺もエゴサーチして、たまには「ちげえだろ!」とかムカつくこともあるけど(苦笑)、
顔の見えない相手に怒っても仕方がないし、
中には的確な意見もあるから無視できない。
SNSをやってるSTARTO ENTERTAINMENTの後輩たちに話を聞くと、
ほとんどのヤツが「怖くてエゴサーチなんかできない」って言うけど、
自分が信じる道を進めている自信があれば、
怖い気持ちよりもファンのストレートな反応が気になるものじゃないですか。
アンチの意見をシャットダウンするのは簡単だけど、
そのアンチを認めさせる、
Number_iのファンにさせるほうに俺は快感を感じるんですよ(笑)。
何か「勝ったぜ!」って気持ちになれるじゃないですか』

――〝アンチ〟に対する本音を語った神宮寺勇太。

とはいえエゴサーチをすればするほど、無責任なアンチコメントを目にするのも事実だろう。

『精神修練とか精神修行じゃないけど、アンチコメントにも一切動じない精神力も身につけたい』

――神宮寺勇太は『ミュージックステーション』の制作スタッフに笑顔で語ったそうだ。

『アンチコメントはできれば見たくないし、言われたくもない。
でも俺たちはNumber_iとして3人でやっていくことを決めたときから、
100パー誰にでも受け入れられるグループになろうとは考えていなかった。
俺たち3人だけでも食の趣味がバラバラだったりするんだから、
世の中の万人に受け入れられるのは無理じゃん。
でも受け入れられなくてもいいから、
「アイツらがやってる音楽やパフォーマンスはスゲぇ!」――って、
その部分は好き嫌いは別で認められるようにはなりたい。
『Mステ』さんで初披露させていただいた『BON』についても、俺は朝までエゴサーチしたよ。
だって気になるじゃん、反応が(笑)』

アンチコメントに対する〝肝の座り方〟を見ても、彼ら3人の自分たちの活動に対する覚悟と信念のほどがわかるだろう。

『アイツらがやってる音楽やパフォーマンスはスゲえ!』――って、その部分は好き嫌いは別で認められるようにはなりたい』

神宮寺勇太とNumber_iは、これからも〝彼らの信じた道〟をブレることなく真っすぐに突き進んでいく――。

神宮寺勇太フレーズ

『俺はTOBEに来てNumber_iを結成して思うんだけど、
今の〝楽しい〟自分の姿なんて、
それこそ1年前でも想像できなかったわけで、
つまり過去は変えられなくても、
未来は自分次第でどうにでもなるんだよ』

「過去は変えられなくても未来は変えられる」――まさにそれを体現してくれているのがNumber_iの3人だ。

『俺たちNumber_iは3人の世界を作ってるし、
同時にTOBEの世界の住人でもある。
でも誰かが作った世界の住人に、
〝どうしても〟ならなきゃいけない理由はないと思う。
一人でいたけりゃ一人でいていいんじゃないの』

人間は社会的に一人では生きられない。しかし誰かが作った世界の住人になるために「嫌々ながらその世界に加わる必要もないのでは？」――というのが神宮寺勇太の考え方。

『こういう仕事をしていると、
会ったこともない人、存在すら知らない人から非難されたり、
ネガティブな評価を受けることも多いんだけど、
俺はそういう理不尽なことを、
〝自分の精神を鍛えるチャンス〟だとあえて受け止めている』

自分に対するネガキャンをすべて力に変える方法。それは心ない言葉だからこそ、逆にポジティブに捉えられるようになる精神力だと神宮寺勇太は堂々と答える。

『少なくとも俺は、誰か特定の他人と自分を比べてあーだこーだは思わない。だってそれって、自分で自分を見下してるってことじゃん』

他人と比べ、自己判断で上回っていようが下回っていようが、そう考える時点で自分を「認めていないのでは?」と語る神宮寺勇太。彼に言わせると、その考え自体が「自分で自分を見下してる」ことに繋がるという。

『もしいろいろと悩んでいる人がいたら言いたい。
「辛くなったら逃げればいい、居場所なんてたくさんあるから」——と』

自分の居場所を狭いコミュニティに限定すると〝逃げ場〟がなくなる。「辛くて逃げ出すことで新しい居場所を探すきっかけになるはずだ」と神宮寺勇太は言う。

『今の自分たちの年代は、
無駄なことが栄養になる年代だと思うんです。
つまり近道ばかり選ばずに、
結果無駄になっても経験値を増やすことが、
将来に向けた貯蓄になるんです』

無駄でもとにかくやってみる！ 経験値が増えることはもちろんだが、やってみなければ、そもそも〝自分に合う〟のかどうかすらわからない。だから、とにかくやってみる。

『何でも新しいことを始めるとき、
まわりの半分ぐらいは否定するよね（苦笑）。
でも始める前に「ダメだ」と思って諦めるのと、
やってみてから「ダメだった」と諦めるのは、
経験値の価値としては雲泥の差があると思う』

何も始めなければ、それが正解か不正解かすらわからない。何事も〝まずはやってみて〟から判断すればいいのだ。

『人間の強さって、
跳ね返されて倒れても、
また起き上がるところにあるんだよ』

倒されてそのまま横になってやり過ごすのも方法の一つではあるけれど、神宮寺勇太の言うところの〝強さ〟を〝価値〟に言い換えれば、人は倒されても立ち上がるところに価値を見出だせるのだ。

3rd Chapter

岸優太

Yuta Kishi style

Number_i
style

Number_i 3人が築く〝ザ・唯一無二の関係性〟

King & Prince・永瀬廉と高橋海人には申し訳ないのだが、平野紫耀、神宮寺勇太、岸優太3人の物心両面での結びつきは、5人のKing & Prince時代とは比べ物にならないぐらい強くて固い。

『自分自身、今の3人についてどう表現したらいいのかわからない関係性。
……というか、言葉にできる正解がない。
僕らの関係を表すカテゴリーがないんです。
一般的にわかりやすいのは〝メンバー〟になるんだろうけど、
そんな浅い関係ではない』〈平野紫耀〉

『〝ザ・唯一無二の関係性〟かな（笑）』〈神宮寺勇太〉

『ジンと岸くん、2人とユニットを組めて本当によかったと思ってるし、
もし俺一人になっていたら、この世界でやっていけなかったんじゃないかな。
そういう意味では俺を救ってもくれた』〈平野紫耀〉

『これはKing & Prince時代からそうだけど、
俺たち3人、それぞれの感性でユニットの楽しさや面白さを知ってるから、
今のこの場所、この3人での活動が快感で仕方ないんです。
考えてみれば違う場所や違う環境で育って、
（旧）Jr.に入ってからもしばらくはバラバラのチームにいた。
その3人がMr.King vs Mr.Princeで出会って関係性が始まってみると、
不思議とモノの見方や価値観がどこか似かよっていた。
だから一緒にいて楽なのはもちろん、
この3人なら何者かになれる、活動の先にあらゆる可能性を感じるんです』〈神宮寺勇太〉

『俺はよく2人に、
「もし1人で活動していたら、とっくに破綻してる」――って言うんです。
たまに間違えて破綻を〝破産〟って言うと、
紫耀が「それは自己破産の範囲でお願いします」ってツッコんでくれる(笑)。
俺は一応は最年長でリーダー的な存在だけど、
誰よりもイジられてツッコまれる担当じゃん?
そういう点もグループの潤滑油になれてるんじゃないかな』〈岸優太〉

岸優太がそう言うと、すかさず平野紫耀と神宮寺勇太から――

『潤滑油になれてるって、自分で言うことじゃないじゃん』

――とツッコミが飛ぶ。

『勘違いして欲しくないのは、
岸くんをイジれるのは俺とジンだけの権利。
たま～にテレビやラジオの台本で、
岸くんをオチに使うやり取りが書いてあるけど、
俺もジンも絶対にその通りには（セリフを）言わない』〈平野紫耀〉

『そうそう。岸くんはオモチャじゃないので！』〈神宮寺勇太〉

――さりげなくメンバー愛が散りばめられているリアクションだ。

『これはきっと俺以外も思ってると思うけど、
俺たち3人は仕事とプライベートで関係性を変えないというか、
Number_iのときは〝仕事仲間でパートナー〟、プライベートでは〝友だち〟
……みたいな捉え方をしてないんですよね。
正直King & Princeのときは、
紫耀とジンに対して軽くパートナー的な感情を持っていたけど、Number_iになったら消えた。
そこは少し不思議だけど、きっと一緒に乗り越えてきたことの価値とか重さとか、
そういうものがジンの言う〝ザ・唯一無二の関係性〟を築いてくれたんだと思います。
一度築いたものは、震度10でも倒れませんよ!!』〈岸優太〉

『〝震度10〟ってあるの?』
『マグニチュードだとどれぐらい?』

――2人にツッコまれながらも、なぜか嬉しそうな岸優太。
Number_i 3人が築く〝ザ・唯一無二の関係性〟はこれからも決して崩れることはない。

〝どケチ？ 倹約家？〟岸優太の譲れない金銭ポリシー

『岸くんが本当に破産してもお金貸さないよ』〈平野紫耀〉
『大丈夫。いっつも今月の支払い分は置いてあるから』〈岸優太〉
『来月以降は!?』〈神宮寺勇太〉

実際には平野紫耀も神宮寺勇太も――

『自分たちが万が一破産しても、岸くんだけは破産しない』
『そうそう、（旧）Jr.時代から貯め込んでるからね（笑）』

――と、岸優太の金銭感覚を信用しているようだ。

『こんなこと言ったらNumber_iのイメージにもかかわるけど、岸くんほどケチで倹約家の人、見たことない』〈平野紫耀〉

『いまだに水筒持参で中身は煮沸かした水道水だから(苦笑)』〈神宮寺勇太〉

――確かに、ほんのちょ〜っとだけ、スターのイメージは崩れるかな!?

『俺らはもう岸くんとはそれなりの長さつき合ってるから知ってるけど、TOBEに入ったのは岸くんのほうが遅くても、IMP.のメンバーは(旧)ジャニーズの後輩じゃん、『toHEROes』とかを通して仲良くなってきて、後輩たちが岸くんに〝ご飯連れてってください〟とか頼んだとき、「どんな反応するのかな〜?」とは楽しみ(笑)』〈神宮寺勇太〉

――要するに岸優太は後輩に〝奢らない〟って言いたいのかな?

『俺も岸くんとご飯行って、基本は全回割り勘だったね。
一応は岸くんが（学年では）1コ年上だから、
〝（奢ってくれるのかな〜）〟って期待したこともあったけど、
あの人、1円単位まで割り勘する計算、めっちゃ早い。
最終的には千円単位の割り勘だけど、
いつも岸くんが多めに出してくれることもなく、
「この前俺のほうが多く払ったから今日は紫耀が多めに出して」――って、
何の躊躇もなく言える人。
これ、悪口じゃないよ。
「そんな岸くんが破産するワケないじゃん」って言いたいだけ』〈平野紫耀〉

岸勇太は2009年7月に入所しているので、平野紫耀にすれば、他のエピソードでお話ししている
Aぇ! group・末澤誠也、草間リチャード敬太とほぼ同期の先輩にあたる。

『俺はさ、キャリアとか年令で後輩に奢り続けなきゃいけない（旧）ジャニーズのシステムとか、TOBEに引き継がなくてもいいと思うんだよね。
紫耀とジンは同じグループのメンバーだから、
昔の（旧）Jr.に入ったときの先輩後輩とかはリセットされるべき』

同じグループのメンバー同士はそれでいいとして、（旧）ジャニーズ時代の後輩にあたるIMP.のメンバーとの関係はどうなるのだろう？

『正直、（旧）Jr.時代のIMPACTorsとは、
Number_iの誰もしゃべったことないんじゃないかな。
IMPACTorsって（滝沢秀明）社長派で、『滝沢歌舞伎ZERO』には出てたよね？
だったらSnow Manとは話したことはあっても、
King & Princeとは話したことないと思う。
（佐藤）新は紫耀に憧れて（旧）Jr.に入ったみたいだけど、
その新もTOBEに入ってからだよね、紫耀としゃべったの』〈岸優太〉

そのI･M･P．のメンバー・横原悠毅からは『実は僕、紫耀くんと同じ学年で。(佐藤)新と(松井)奏は2000年生まれで少し若いんですけど、俺と基(俊介)は96年組で最年長なんです』と話しかけられたことをきっかけに連絡先を交換し――

『ご飯行きたいです！』

――の猛アプローチを受けたようだ。

さすがの岸優太も平野紫耀が危惧したように『後輩でも割り勘にするのでは？』はなかったものの、待ち合わせ場所で顔を合わせるなり――

『横原、家の(最寄りの)駅はどこ!?
飯食ったあと、11時●分の地下鉄に乗れば帰れるな』

――と、絶対に〝タクシー代は出さない〟姿勢は貫いたようだ。

『だって俺が地下鉄で帰るんだから、横原も全然帰れるでしょ。
俺らぐらいの年令と体力のヤツの一番のムダ遣いがタクシー代。
しんどいのも面倒くさいのもわかるけど、
そのタクシー代を稼ぐのに何時間働けばいいのかを考えると、
そうやすやすとはタクシーに乗れないだろ』

――〝ムダ遣いは決して許さない〟姿勢を貫く岸優太。

『横原は飯食って先輩といろんな話をしたいだけだから、
タクシーで帰らなくてもいいじゃん。
だって俺の1コ下って今年28（才）でしょ？
子どもじゃないんだから地下鉄で帰れるって！』

――断固として譲らない岸優太だけど、そこを『タクシーで帰りな』と、あえてタクシー代を出して
あげるのが先輩のカッコいいところでもあるんだけどね。

『俺、あとで風の噂で……
「岸くんはタクシー代は出してくれなかった」と聞いたから、
岸くんには「出してやれよ」とは言ったんだけどね。
だって岸くん、俺ら3人と(三宅)健くんとの食事会で、
シッカリと1万円もらっていたからね』〈平野紫耀〉

なんと自分は先輩からシッカリとタクシー代をもらっていたとは……。
自分だけもらって後輩には出さないって、それはちょっと反則かも!?

岸優太が自信マンマンにおススメする〝大阪グルメ〟

アイドル、アーティストが全国ツアーや単独での地方コンサートを行う際、もちろん地方在住のファンにパフォーマンスを届けることが一番の目的。とはいえメンバーたちの〝楽しみ〟は、やはり地方ならではのグルメを堪能すること。そのうえ東京よりも、少しは自由に食事を楽しむことができるのだから。

「これには各地方のプロモーター（※コンサート企画制作会社やチケット販売会社）の尽力が大きい。プロモーターは大きく分けて北海道担当、東北担当、関東担当、中部担当、北陸担当、関西担当、西日本担当、九州担当など各地方にオフィスを構えていますが、彼らはいかに自分の担当地区でタレント、アーティストに満足してもらえるか、再度その地方に来たくなるように感じてもらえるかに全力で取り組むので、それこそコンサートがない時期は、新たなグルメを探すことが最も重要な仕事といっても過言ではありません」（地方担当プロモーター）

だいたいどのアイドルもアーティストも、北海道と博多（福岡）でコンサートが行われることを（※その打ち上げとグルメを）楽しみにしている。中にはコンサートの前日から現地に入り、自腹で街歩きグルメを堪能するアーティストもいるほどの人気都市だ。

「その次に人気があるのは、金沢と仙台です。金沢は冬場の〝ノドグロ〟や〝寒ブリ〟〝越前ガニ〟などの海鮮、仙台は言わずと知れた牛タン料理ですが、仙台に来たタレントのほとんどはお土産に〝萩の月〟を買って帰りますよ」（同地方担当プロモーター）

意外と大阪や名古屋の名前が挙がってこないが。

「最近は東京のキー局も不景気で、大阪や名古屋などの準キー局とのギャラ格差が縮まり、ツアーやコンサートだけではなく、普段のバラエティ番組出演やイベントでちょくちょく訪れているので、大阪や名古屋のグルメには今さら特別感がない。それと特に大阪はオーバーツーリズムの影響で名店が軒並み混雑しているので、人混みを嫌うアーティストからは敬遠されてしまう側面もあり、人気を落としているんです」（同前）

確かに大阪や名古屋の場合、年に数回も訪れていれば〝特別感〟自体は薄れているだろう。

そんなアーティストと地方グルメの関係だが、岸優太はIMP.のメンバーに――

『大阪に行くときは任せておけ。とっておきのグルメを教えるから』

――と、あえての〝大阪推し〟を豪語しているという。

『俺もダテに（旧）ジャニーズ歴が長い（約15年）わけじゃないし、（旧）関西ジャニーズだけじゃなく大阪芸人さんにもコネがあるから、前々から大阪では結構ウマいモン食ってんのよ。IMP.とかほとんど大阪知らないだろうし、先輩としてレクチャーするのも務めだから』

――自信マンマンにそう話す岸優太だけど、なんとな〜く、頼まれてもないのに『大阪ではこれ食え！』とかドヤってそう（笑）。

『だいたいアーティストが地方コンサートに行ったときは泊まるホテルが決まっていて、〝大阪ではここ、名古屋ではここ〟とか具体的には明かせないけど、ヒントだけあげれば、
「玄関に移動のバスや機材車が入れるスペースがあるホテル」じゃないと泊まれない。
そういうホテルはある程度大型のホテルになるんだけど、
その周辺のグルメはバッチリと押さえておきたいね』

――このヒントからある程度は絞れるかも。

『(旧)ジャニーズの場合、ほとんどあそこじゃないかな?
たぶんTOBEも一緒。
条件が合うのってあそこぐらいだから』

岸優太がそう明かすホテルは、近隣に大阪市内有数の繁華街を抱える立地にあり、気分転換に散歩もできるそうだ。

『大阪で泊まったとき、どこ（のグルメ）がお勧めですか⁉』

―ＭＰ：横原悠毅と食事をした際に、そう尋ねられた岸優太は、鼻の穴を満開に膨らませたドヤ顔で自信マンマンにこう宣言したそうだ――。

『大阪王将！』

当然ながら横原は――

『は、はいっ？』

……と困惑したリアクション。

そんな横原の様子に気づいているのかいないのか、岸優太は――

『大阪王将はウマいぞ!
特に餃子とチャーハン。
いつもマネージャーさんにテイクアウトで買ってきてもらうんだけど、
餃子は最低3人前はイケちゃうからね』

――とドヤ顔を崩さない。

ご説明する必要もないとは思うが、〝大阪王将〟は今年で創業55年を数える中華料理のチェーン店で、全国に320店舗以上のお店があるし、なんなら東京都内にも20店舗以上ある。

『最初、岸くんは絶対に冗談で言ってると思ったんですけど、話を聞いていると大阪の場合、ホテルの外はファンの人だらけなので、メンバーさんは皆さんルームサービスか近場のテイクアウトらしいんです。最近はホテルにも宅配で持ってきてくれるらしいんですけど、岸くんによると「マネージャーさんが買ってきてくれたメシが一番安全で信用できる」から、基本はマネージャーさんに大阪王将に行ってもらうそうです』〈横原悠毅〉

果たして大阪王将を〝大阪グルメ〟のカテゴリーに入れていいのかどうかは別として、少なくとも岸優太は――

『大阪に行くときは任せておけ。とっておきのグルメを教えるから』

――と、後輩たちにドヤれるほどではないことだけは間違いない（笑）。

〝北山宏光炎上騒動〟──岸優太が考えるNumber_iのSNS対応

今年の5月下旬、北山宏光が自身のYouTubeチャンネルでサブチャンネル扱いしている企画コーナー『北山ちゃんねる』に、連続ドラマ『君が獣になる前に』(テレビ東京系)で共演しているベッキーを招き、ベッキーのYouTubeチャンネルとコラボする形で2本の動画をアップした。

そのうちの1本の〝本音トーク〟動画が、北山宏光のファンの間に波紋を巻き起こした。

『友だちからLINEが来て、
「お前の先輩、YouTubeでめっちゃ炎上してんじゃん」って言われて、
ウチの先輩でYouTubeといえば(三宅)健くんだから、慌てて見たんですよ。
そうしたら相変わらずやす子さんと出てて、
「もしかして健くんとやす子さんの間にスキャンダルでも!?」……と思ったら、
健くんじゃなくて北山(宏光)くんで……』

早とちりしながらも北山のＹｏｕＴｕｂｅをチェックした岸優太。

しかし岸自身、『これのどこで炎上するの?』と不思議に感じるぐらい、岸にとってはなんてことのない内容の動画だったと振り返る。


『それで俺、こういうときに頼りになるジンに連絡したんです。

でもジンも全然（炎上を）知らなくて。

それで「少し調べて連絡する」って言われたんですよ』

北山宏光が炎上した理由はベッキーとのトーク内容にあった。

ベッキーは撮影スタッフが出したカンペに従い、北山に対して少し踏み込んだ質問をしていくという構成で、その流れの中でベッキーから「好きな女性のタイプは?」との質問が飛び、北山が嬉々とした表情で『顔? 坂井泉水さん』と、音楽ユニット・ＺＡＲＤのヴォーカルで２００７年に逝去した坂井泉水さんのルックスがタイプだと即答したのだ。

さらにその理由を『やっぱり日本女性的な要素を持ってて欲しい』とつけ加えた。

『ジンに言わせると、今の時代に〝日本人女性的な要素〟みたいな言い方をすると、批判する人が出てくるんじゃない!?……らしいです』

確かにその発言も炎上理由の一つだったが、本当の炎上理由はその先にあったのだ。

「動画を見ていくと、撮影スタッフに指示されたベッキーが『**彼女いる?**』と直球の質問を。これに対して北山くんは〝ザ・アイドル〟的なリアクションをするわけでもなく、素直に『**今はいない**』と答えたのです。ベッキーが役割として『**そう言うしかないよね**』とツッコむと、北山くんは大慌てで『**今はマジでいない! 坂井泉水ちゃん探してる**』と、再び坂井泉水さんの名前を出し、さらにベッキーが『**気になってる人いる?**』『**いい感じの子は?**』『**前回いつ別れた?**』などとたたみかけると、ようやく『**やめろー!**』とベッキーを制止したのですが、その他にも『**結婚願望はずっとある**』『**いつかはしたほうがいいかなとも思ってる**』――などと生々しく語ったので、ファンの皆さんから〝恋バナとか結婚とか聞きたくない〟〝北山くんにはいつかは幸せになって欲しいけど、今のタイミングで結婚話する? ソロになったばかりで〟などと批判され、しかも炎上してからもその動画を消す気配もないのでさらに炎上したのです」(有名放送作家)

ちなみにこの動画は公開から2日間で再生回数およそ8．9万回だったが、高評価はわずか5，000ほど（再生回数の約18分の1）。

『う〜ん、先輩のYouTubeだし俺は何とも言えないけど、
まあNumber_iのYouTubeはMVとダンス動画ばかりだから、
こういった炎上はしないよね。
でも俺自身は北山くんはそんな変なことを言っていないように思ってるし、
とにかく今の時代、どんな発言が火を点けるか全然わかんない（苦笑）。
ベッキーさんもYouTubeスタッフの指示通りに質問したんだから、
怒られるのはYouTubeスタッフだよね』

そう言って本音を語った岸優太。

確かに「今の時代、どんな発言が火を点けるか全然わかんない」けれど、これからもNumber_iはNumber_iらしく、彼らの魅力をSNSで存分に発信して欲しい。

ファンの皆さんも、そういうNumber_iを心から応援しているのだから。

DASH村で求められている〝岸くんのメッシ〟

『確かに自分でも「しばらく出てないな〜」とは思っていたけど、
それは番組の企画にも関わることだし、
俺が「出たい！ 出して!!」って騒ぐことでもないからね。
まあ音楽活動がずっと忙しかったし、みんなには気長に待ってもらえると嬉しい。
俺の代わりに慎太郎やリチャの存在感が大きくなっているのは感じてるけど、
今でも俺は立派な『DASH!!』ファミリーの一員だから』〈岸優太〉

岸優太がそのキャラクターを存分に発揮していた『ザ！鉄腕！DASH!!』（日本テレビ系）。

実は気がつけば2023年10月15日の生放送を最後に、もう半年以上も岸優太の出番がない。

「岸くんは旧ジャニーズ事務所を退所してから番組には出演していないので、視聴者の中には〝やっぱり(旧)ジャニーズを辞めたから番組も降ろされたんだ〟と誤解している方も多いと思いますが、そもそも2023年10月15日といえば、岸くんが東京ドームからのYouTube生配信でTOBEへの合流とNumber_i結成を発表し、その足で日本テレビの生放送に駆け込んだ日です。旧ジャニーズ事務所を退所したのは2023年9月30日ですから、もし旧ジャニーズ事務所の退所が番組降板に繋がるのであれば、そもそも10月15日の生放送には出演していないでしょうし、TOBE側もあえて『THE!鉄腕!DASH!!』生放送前にYouTube配信を行うなど、日本テレビを煽るようなスケジュールは組みませんよ』(人気放送作家)

その生放送から約1週間後、日本テレビ・石澤顕社長は定例会見において、「岸さんは『鉄腕!DASH!!』の大切なファミリーと考えており、今後ともその方針に変更はありません」とコメントし、事実上、降板を否定した。

「森本慎太郎、草間リチャード敬太を筆頭に、横山裕、松島聡、松田元太などSTARTO ENTERTAINMENTには『DASH!!』ファミリーのタレントがたくさんいます。中でも松田元太は、今、STARTO ENTERTAINMENTが菊池風磨、向井康二と並んでバラエティ番組に売り込みまくっているので、その結果出番が増えるのはテレビ界の自然な流れ」(同人気放送作家)

やはりここは、岸優太本人が言うように〝気長に待つ〟しかないのだろう。

『元太とか本当に〝バカ〟じゃん?
なかなか珍しい〝イケメンおバカ〟だから、
バラエティから需要が高まるのは自然なことだと思う。
それに俺にとっては可愛い後輩でもあるから、
自分の性格的に後輩の成功を邪魔したくない気持ちも強い』

――と語った岸優太。

さらにそこには、岸優太とNumber_iの〝アーティスト志向の強さ〟も影響しているのではないかとの話もある。

「実際、岸くんに限らず平野紫耀くんも神宮寺勇太くんも、バラエティはおろかドラマや映画にも単体での出演を避けていて、Number_iとして音楽番組に出演する程度です。おそらくはTOBE側の〝アーティスト戦略〟なのだとは思いますが、岸くんは『鉄腕！DASH‼』ではいい味を出していたので残念ですね」（同前）

特に5月12日にオンエアされた『ザ！鉄腕！DASH‼』では、毎年恒例で岸が参加していた〝米づくり〟企画に向けての準備を紹介する「DASH村」コーナーがオンエアされただけに、そこに岸優太の幻を見る視聴者も多かったと聞いている。

「米づくり企画は今年で24回（年）目になりますが、岸くんは21年目から23年目までの3年間、『DASH村』での米づくり企画に参加していました。しかも24年目の今年は田植え前の準備のひとつでもある〝塩水選〟を取り上げたのですが、そこで岸くんが去年の米づくりで生み出した〝メッシ〟が紹介され、視聴者の多くは岸くんの存在感を改めて感じたといいます」（同前）

〝塩水選〟とは塩水に米の種を沈め、浮き上がってこない、中身の詰まった上質な種を選抜する作業。VTRで登場した国分太一は塩水選を行った際、すかさず――

『メッシいこうか。名付け親は岸くんだから』

――と岸の名前を出すと、続いて昨年岸が塩水選をしていた際のVTRも紹介されたのだ。
ちなみにメッシとは「リッチなメシ」を目指し、岸が通常より高濃度の塩水で選抜した種のこと。
「SNS上では、たとえ過去VTRとはいえ岸くんの姿が映ったことで話題になり、〝メッシがこの先何年も何年も引き継がれていくといいな〟〝岸くんのいないDASH村だったけど、岸くんのメッシ優秀すぎる〟などの反響が寄せられ、Xでは〝岸くんのメッシ〟がトレンド入りしました。番組で新たなVTRが紹介されたわけでもなかったことで、逆に岸くんに対する渇望感が増した」（同前）

Number_iで唯一公式Xアカウント持つ岸は、TOBEスタッフにニヤニヤしながら――

『（番組に）出てないのにトレンド入りした』

――と喜んでいたそうだ。

『太一さんが自分の名前を出してくれたことも嬉しかったけど、
ファンや視聴者の皆さんが去年のメッシを忘れずにいてくれたこと、
本当に感謝しかない。
世の中ってすごいスピードで移り変わっているのに、
しっかりと覚えてくれていたなんて。
もう俺、まだみんなに〝求められている〟って勘違いしちゃうよ（笑）』

――ニッコリ笑ってそう語った岸優太。

それは勘違いじゃなくて、しっかりと〝求められている〟よ！

Number_iの〝トレンド王〟

「アイドルはSNSを使わない方がいい」とする意見は、実はファンの間にも根強い。

実際、旧ジャニーズ事務所でSNSが解禁されたのは滝沢秀明氏がタレントを引退して裏方に回り、自ら積極的にSNSを運用し始めてからの時代で、故ジャニー喜多川氏の影響力と権力が絶大だった時代は、SNSに限らずインターネットメディアに対しての拒否反応も事務所を上げて絶大だった。

それはなぜか？

「ほとんどの所属タレントは小学生、中学生時代からジャニーズJr.入りしてレッスンに励むので、一度はスマホから離れることになる。そうすると中学生や高校生時代に実体験として身近（仲間内）なプチ炎上やトラブルを経験していないので、どこまでの範囲が安全圏かの判断が甘くなる。たとえば近々の例でいうと、世代的にはデジタルネイティブとはいえませんが、小学生の頃から旧ジャニーズJr.入りしている生田斗真くんが、今の時代には不用意な投稿をInstagramにして炎上、謝罪に追い込まれましたよね」（芸能ライター）

さらに遡れば、旧ジャニーズ事務所が性加害問題で謝罪会見を開いた直後、Ｉｎｓｔａｇｒａｍに『Ｓｈｏｗ ｍｕｓｔ ｇｏ ｏｎ！』と投稿、長年かけて築いたイメージを一瞬にして失墜させてしまった木村拓哉、旧ジャニーズ事務所を退所後の数々のコメントが「嫌味ったらしい」と炎上した二宮和也など。中にはＫｉｎＫｉ Ｋｉｄｓ・堂本光一のように、故ジャニー喜多川氏の性加害問題を受けて過去に投稿していたジャニー氏関連の投稿を慌てて削除し、逆に「完全に悪手」と評判を落としたタレントも。今や〝何も言わない。投稿しない〟ことこそが最善策とのムーブすら生まれている。

そんな中、意外なほどのＳＮＳ強者ぶりを発揮しているのが、他でもない岸優太だ。

岸は先輩たちの炎上が続くＩｎｓｔａｇｒａｍではなくメンバー唯一のアカウントを持つＸ上で、Ｉｎｓｔａｇｒａｍのインスタ質問箱（ストリーズ機能）とほぼ同じ企画を展開。これが意外なほどの大評判を呼び込んだ。

「皆さんもご存知でしょうが、ストリーズ上で展開する〝インスタ質問箱〟は、フォロワーからの質問に一問一答で返信していく双方向の機能です。岸くんはＸ上に『**１人質問箱します!!!**』と投稿し、すぐさま『**夜は何食べたの？？？**』とも投稿しました。その時点で岸くんから〝質問された〟と思ったフォロワーさんたちは思い思いのコメントを返信したのですが、実際には質問も回答も岸くんだけで完結している一人遊びだったのです」（同芸能ライター）

そして岸優太は、続けて『1人質問箱なので質問は募集してません!!!』と投稿。

ようやくフォロワーも岸の意図に気づき、この〝遊び〟につき合ってくれたのだ。


『まあ、いきなり「1人質問箱」といわれても、みんな意味がわからないよね(笑)。

「コーンがめちゃくちゃ入ってるひき肉が散りばめられためちゃくちゃ美味しいご飯を食べました!!!」

——って投稿して、ようやく大半のフォロワーさんが「岸の一人遊びか」と気づいてくれたけど。

でも自分としては「今部屋でどんな感じで過ごしてますか?」とか、
結構攻めた質問したつもりなんだけどな』

それに対する——

『今日の使ったマスクをゴミ箱に捨てました!!』

——が攻めた質問かどうかはさておき、夜の11時22分から11時31分までの10分弱、80万人を超えるフォロワーを楽しませたのは事実。

もちろんこの〝#岸くんの1人質問箱〟は一瞬でトレンド入りを果たし、またXに1人質問箱を投稿しながらＩｎｓｔａｇｒａｍには正統派のイケメン姿を投稿するなど、ものの見事にSNSを使いこなしていた。

Xには岸のギャグセンス溢れるネタ投稿を、Number_i 3人ともがアカウントを持つＩｎｓｔａｇｒａｍにはイケメン写真をアップ。まさに〝見事〟なSNS強者ぶりを発揮してくれた。

『そんなめちゃめちゃ意識したわけでもないけど、Ｉｎｓｔａｇｒａｍは紫耀とジンのイメージにも関わるからね。俺たちはチームだから、投稿する写真は選ぶよ』

できそうでなかなかできないのが、岸のようなXとＩｎｓｔａｇｒａｍの〝使い分け〟だ。

ファンの間からも「質問箱っていろんな人が些細なことで炎上してるからこのスタイルは正解」「リアルタイムでちょっとした私生活情報を知れてファンは嬉しいし絶対に炎上もしない。岸くん賢い」「インスタ質問箱は毎回ザワついちゃうし、正直にいうとモヤることもある。岸くんのこの1人質問箱は天才的なアイデア」と、かなりの高評価を集めた。

「岸くんのXは好きなことを脈絡なく投稿しているように見えますが、Number_iが新曲を出したり歌番組に出演する前後の時間帯など、ファンの関心が集まりやすいタイミングでしっかりと〝最新情報〟を上書きしてくれている。さらに『BON』のMVが5月27日に日付が変わった瞬間にYouTube配信された際には、〝#BON〟だけを46個並べたポストをしてトレンド入り。投稿が毎回トレンド入りして、グループのプロモーションにも貢献しています」(前出芸能ライター)

Number_iで唯一、XとInstagramアカウントを持つ岸は自らを――

『トレンド王と呼んで!』

――とおどけるが、誰が見てもそれに相応しい活躍だ。

これからもNumber_iの〝トレンド王〟の投稿から目が離せない。

岸優太が思い描く〝夢のルート〟

2024年5月11日からオンエアされているのが、平野紫耀、神宮寺勇太、岸優太の3人が出演するサントリー『ビアボール』のTVCMだ。

『ビアボールのサントリーさんといえば、
紫耀が今年（2024年）から「サントリージン翠」のCMにも起用していただいてるから、
Number_iとしてはすごくお世話になってる企業さん。
グループ3人でCMに出るのも、
日本マクドナルドさんの「チキンマックナゲット」に続いて2作目だし、
「これからバンバンと露出していけたらイイな〜」みたいな』〈岸優太〉

グループもいいけど、岸優太個人としても声をかけてもらいたいところ。

ちなみにこれまで岸優太の個人CMとしては、古くは2015年の「とんがりコーン（ハウス食品）」に始まり、プレミアアンチエイジングの「デュオ ザ クレンジングバーム」、SERAOの「38 colors mask」、本田技研工業のバイク「Honda ハート」などのCMキャラクターを務めてきたが、この2年近く、個人としては新規CMのオファーを受けていない。

「岸くんが旧ジャニーズ事務所に所属していた時代は次々と新たな後輩グループが増えていったので、目新しさを望むCM業界は、どうしても後輩たちに目がいってしまう」（広告代理店宣伝マン）

そうした事情であれば、いささか仕方がないのかもしれない。

「Number_iは今年（2024年）元日に『GOAT』で配信デビューして以降、全国ネットの音楽番組に次々と出演してきたのは視聴者からのリクエストが多数寄せられているから。つまり企業が最も気にする購買層のコアターゲットに絶大な支持を誇っている。この4月には毎年アメリカで開催される世界最大級の音楽フェス『コーチェラ』の特別ステージに立って世界進出を果たしましたし、5月27日にリリースされたミニアルバム『No.O -ring-（ナンバリング）』も米津玄師やNewJeansといった強力なライバルたちに差をつけて1位を獲得。スポンサー企業としては喉から手が出るほど〝欲しい〟存在になっています」（同広告代理店宣伝マン）

しかし一部のファンが心配しているのは、平野紫耀と神宮寺勇太、岸優太との〝格差〟らしい。

「広告業界的な見方でいうと、確かに平野くんはサントリー『ジン翠』を筆頭にボシュロム・ジャパン、池田模範堂『ムヒ』シリーズといった有名企業のCMに起用され、イヴ・サンローラン・ボーテのアジアアンバサダーにも就任しています。一見すると平野くんのみにソロでのオファーが殺到しているような印象を受けますが、かつてAKB48の創草期、プロデューサーの秋元康が前田敦子を猛プッシュして前面に押し出してAKB48の大ブレイクに繋げたように、グループがブレイクするためには誰か先導役が必要で、それに続いて他のメンバーが表に出ていくのがセオリー。日本マクドナルド、サントリーとNumber_iがグループとしてCMキャラクターを務めた次は、神宮寺勇太くん、岸優太くんが前に出ていく番になるでしょう」（同前）

しかし岸優太は〝焦り〟は感じていないようだ。

『最初に紫耀がバーっと出ていくのはわかってたし、
俺もジンも、もっというと紫耀本人も、
Number_iがグループとして〝売れる〟ことが一番の大目標だからね。
CMも「そのうちご縁があればいいな〜」とは思うけど、
紫耀やジンを押し退けて、
「俺が！ 俺が‼」みたいな気持ちは持ってない』

さて、そんなNumber_iの次の戦略として、滝沢秀明TOBE社長はどう考えているのだろうか。

「〝中国進出〟をターゲットに考えているようで、そのためのパートナー（スポンサー）探しを日本でも行っています。すでにこの4月（21日）、IMP.を中国・四川省の音楽フェスティバルに参加させ、数日後には滝沢社長自ら中国版SNS・Weibo（ウェイボー）の運営会社に足を運ぶなど、現地の音楽・IT関係者とのパイプを構築していると聞いています。間違いなくNumber_i中国進出の布石でしょう」（前出広告代理店宣伝マン）

Weiboといえば、あの木村拓哉がアカウントを開設していることでも知られているが、約249万人ものフォロワーを抱えていることからも、もしNumber_iのメンバーがアカウントを開設すれば、1，000万人超のフォロワーを獲得してもおかしくないだろう。

「ここ数年、勢いのあるK-POPアーティストたちは、まず若い世代の人口が多い中国、東南アジア圏に進出して足場を固め、そこからアメリカなどの欧米市場に進出する手法を取っています。Number_iもまずは中国をはじめとしたアジア圏の音楽イベントやライブに出演し、そこから欧米圏に本格進出するのではないかと、広告業界では見られています」（同前）

『俺らは本当に自由にやりたいように活動させてもらってるし、
社長のプロデュースを信用してるからね。
〝日本代表としてアジアから世界へ〟──の道は、
思い描く夢のルート』

──Number_iとしての目標を掲げた岸優太。

〝日本代表としてアジアから世界へ〟

岸優太自身はもちろん、ファンの皆さんにもいい夢を見させて欲しい。
Number_iが成功する姿を──。

『何が何でも妥協はしない』――Number_iのルール

『俺はさ、ハッキリ言って音楽業界的な知識はあんまないから、
『コーチェラ』の出演が発表されたあと、
プライベートの友だちからも「スゲー!」ってLINEもらいまくったけど、
いまいちピンと来てなかったんですよ(苦笑)。
それでウチのスタッフに詳しく説明してもらって、
世界中から『コーチェラ』を目指して60万人のファンが集まるって聞いてさ。
それはめちゃめちゃ大変なことじゃないですか。
〝広さ〟を表現するのに「東京ドーム何個分の広さ」って言われてもまったく想像がつかないから、
〝へぇ〜〟ぐらいの感想しかないけど、
60万人って、〝満員の東京ドーム12杯分〟って聞いたらヤバすぎじゃないですか!?』

東京ドーム12〝杯〟というあたりがいかにも岸優太っぽいが、あの超満員だった『ｔｏＨＥＲＯｅｓ』コンサート12公演分の観客が集まると聞けば、鳥肌が立たないほうがおかしい。

Number_iが出演した『Ｃｏａｃｈｅｌｌａ Ｖａｌｌｅｙ Ｍｕｓｉｃ ａｎｄ Ａｒｔｓ Ｆｅｓｔｉｖａｌ２０２４』は、毎年アメリカ・カリフォルニア州で開催されている世界最大級の野外音楽フェス。

今年Number_iが出演したのは、アメリカを拠点としてアジアのカルチャーを発信する音楽レーベル兼メディアプラットフォーム・88ｒｉｓｉｎｇが主催する特別ステージ『88ｒｉｓｉｎｇ Ｆｕｔｕｒｅｓ』。Number_iの他には2年連続でＹＯＡＳＯＢＩ、新しい学校のリーダーズ、そしてNumber_iと同じくＡｗｉｃｈが今年初出演している。

毎年、4月中旬の2週末に渡って開催されている音楽フェス『Ｃｏａｃｈｅｌｌａ Ｖａｌｌｅｙ Ｍｕｓｉｃ ａｎｄ Ａｒｔｓ Ｆｅｓｔｉｖａｌ』。2週末で来場する観客はおよそ延べ60万人といわれ、カリフォルニア州コロラド砂漠の一角、コーチェラ・バレーに出現する広大なフェス会場に多数の同時進行ステージが設置されて盛り上がる。

また『Ｃｏａｃｈｅｌｌａ Ｖａｌｌｅｙ Ｍｕｓｉｃ ａｎｄ Ａｒｔｓ Ｆｅｓｔｉｖａｌ』という名称の通りアートの祭典でもあるため、会場にはカラフルで巨大なアート作品も多く展示され、音楽との融合で祝祭感溢れる独特な空間が広がっている。

『何か会場にいるだけで飽きない。
ディズニーリゾートやUSJに行くと歩いているだけで楽しいけど、
それと似た感覚かな。
つまり音楽がアトラクションになっている』

岸優太が感じた〝音楽がアトラクションになっている〟とはなかなか秀逸なたとえだが、世界中から集まった音楽好き、アート好きの観客たちが、昼から夜中までとことん音楽とアートを楽しむフェスとしても有名だ。また音響やステージセットの演出も最新で最高峰の技術が導入されているので、馴染みのないアーティストのステージも最大限堪能することができるのも『コーチェラ』の特徴。

これまで日本のアーティストでは、先に名前の挙がったYOASOBIと新しい学校のリーダーズ以外に、X JAPAN、東京スカパラダイスオーケストラ、きゃりーぱみゅぱみゅ、宇多田ヒカルなどなど、海外でも人気の高いアーティストが出演。中でも2019年に出演したPerfumeは、音楽専門誌『Rolling Stone』選出のベストアクト16に選ばれている。

『だからさ、日本だからとかアジアだからとかの偏見抜きに、
純粋に音楽、アーティストとして観客に品定めされている視線がゾクゾクして、
ジャニーズJr.時代からKing & Prince時代、
そして今までに日本では感じたことのない鳥肌が立ちまくったよ』

――自身の感想をそう明かした岸優太。

先ほども少し触れたがNumber_iが出演した88rising主催の特別ステージ『88rising Futures』は、アジアの優れた才能を世界に向けて発信するグローバルな音楽レーベル兼メディアプラットフォーム。日本とオーストラリアにルーツを持つJoji、インドネシア出身のリッチ・ブライアン、中国出身のHIPHOPグループ・Higher Brothersらがレーベルに所属し、アジアにルーツを持つうえに、しっかりとした実力と個性、人気を兼ね備えていなければ『コーチェラ』出演の声はかからない。ちなみに新しい学校のリーダーズは、海外で活動するときの名義・ATARASHII GAKKO!でレーベルに所属。アジア系アーティストにとっては、世界の音楽業界にコネクトするための太いパイプとなっている。

「88risingは『コーチェラ』最大キャパのメインステージでも展開していますが、あの宇多田ヒカルが初めて音楽フェスに出演したのも、2022年『コーチェラ』の88risingFuturesのステージでした」（有名音楽ライター）

2024年元日、全編ラップ曲の『GOAT』で質の高いラップとダンスパフォーマンスで鮮烈なデビューを飾ったNumber_iは、2ndデジタルシングル『Blow Your Cover』では一転してメロウなR&Bで音楽性の幅を見せつけた。

すでに皆さんも聞き込んでいらっしゃるかとは思うが、ミニアルバム『No.O -ring-』のリード曲『BON』はその独自性で日本の音楽界に衝撃を与えてくれた。

『音楽面では詳しい知識はなくても、
「これがいい曲だ」「こんなことをやりたい」——ってのは俺でもあるわけで、
俺も紫耀もジンも、
音楽だけに限らず、
Number_iが世に発表する作品については、
何が何でも妥協はしない。
そのルールは絶対に破らない』

『コーチェラ』出演の約1ヶ月前に開催された『to HEROes ~TOBE 1st Super Live~』では、最終公演がAmazon Prime Videoにて世界約230の国と地域へと生配信された。

配信にあたり滝沢秀明社長は──

『TOBEは今後、日本のエンターテイメントを世界基準へと進化させ、グローバルで受け入れられるアーティストのプロデュースを加速してまいります。日本から、世界へ』

──というメッセージを発信。

その言葉通り、まずはNumber_iが『コーチェラ』の舞台でその実力を示してくれた。

『俺自身はさ、〝何が世界基準なの?〟って聞かれてもよくわからないけど(苦笑)、
少なくとも社長と紫耀、ジンのやりたいことを信じてるから、
あの人たちが「これが世界基準です」と言えばそうなんだよ。
それで『コーチェラ』はじめ、
世界での体験をファンのみんなにフィードバックしたい、
お返ししたい。
それが俺たちを信じてついてきてくれたみんなに対するエチケットだから』

そう語った岸優太の言葉からは、今後のNumber_iの活動に向けた自信と希望が溢れている。
果たしてNumber_iはどこまで進化を遂げるのか。
おそらく彼ら独自の〝Number_iスタイル〟を築き上げ、今まで見たことがないほどの高みへと
我々を連れていってくれることだろう――。

岸優太フレーズ

『たまに俺のこと〝能天気〟的な言い方をする人がいるんだけど、
俺は何事も結果や結末を心配ばかりして、
何もやらないことを〝ダサい〟と思ってるから、
能天気でも何でも、
〝とりあえずやってみる！ 心配なんて起こらないからするだけ無意味〟精神を
維持しているだけなんだよね』

人は見えない未来を心配する生き物だが、その心配のほとんどは杞憂に終わる。もちろん心配した通りになることもあるが、そこには心配が現実のものとなる原因が存在するもの。その原因さえ作らなければ、確かに岸優太の言う通り『心配なんて起こらないからするだけ無意味』かも。

『人の強さって泣いたときにわかるんだよね。
それは泣かないから強いわけじゃなくて、
泣いてもまた笑える人が強いってこと』

失敗やミスをいつまでも引きずり、泣いたり悔やんだりしていても仕方がない。明日には笑って、その何倍もの結果を叩き出してやろう！

『俺のポリシーとして〝言い訳〟をする人はあまり信用したくない。
だって言い訳ってミスや失敗、ウソを隠す言葉だから。
それを隠すための言葉を言わせる自分もイヤ』

「ミスと失敗は同じでしょ！」というツッコミはさておき、岸優太の
このハッキリとしたポリシーは男らしい！

『これは絶対に言っておきたいんだけど、
プロの世界は〝知らなかった〟からって責任回避はできないんだよね。
自分から何でも知りにいかなきゃ相手にされない』

「知らなかった」で責任を回避できるほど〝甘くない〟のがプロの世界。行動に移す前に十分な下調べやシミュレーションを済ませておくのは、プロとしての〝エチケット〟に近い。

『きっとみんな〝最初からやり直す〟ことを嫌うと思うんだよね。
やり直しって面倒くさいし。
でもね、失敗をそのままにしてごまかすよりも1万倍素晴らしいこと』

自分自身の中にほんの少しでも不安が残ってしまうぐらいなら、「最初からとことん納得するまでやり直すべきだ！」――これが岸優太の物事に臨む姿勢。

『自分のまわりにいる人たち、みんなに好かれるのは無理かもしれない。
でも自分の努力で、みんなを納得させられることはできるはず』

まわりに好かれるパターンの一つに、〝ダメダメ人間だからこそ好かれる〟パターンもある。岸優太はダメダメな自分が受け入れられることよりも、自分のパフォーマンスや努力で納得させられる側の人でいたいと願う。

『誰だって一人でいることは寂しいけど、
でもその孤独に勝てば、自分はスペシャルな人になれる。
みんなでワーキャーやるのは、それからでも遅くはない』

孤独だからこそ気づくこと、得られることは意外に多い。そして得られたからこそ、自分は〝スペシャルな人になれる〟権利に手をかけられる。岸優太オリジナルの自己肯定法。

『人間は何才になっても何本もの道が目の前に広がるから、
遠回りしてでも自分のゴールを見つけて欲しい』

自分の進むべき道、将来辿り着きたい領域に時間的な締め切りは設定しない。ストレートに辿り着ける人もいれば、迷った末に辿り着ける人もいる。「それでいいんじゃない?」――と岸優太は笑顔で語る。

エピローグ

平野紫耀がCMキャラクターを務める池田模範堂『液体ムヒS』のTVコマーシャル。

地元に帰省した主人公役の平野紫耀と、甥っ子役の森優理斗。

一緒に遊んだあと、近くの自然豊かな一本道を歩きながら、平野が白いTシャツの袖をまくり、虫に刺された二の腕に液体ムヒSを塗る。

もうすぐ都会に戻ってしまう大好きなお兄さん（叔父さん）と離れたくなくて、ふてくされてしまう甥っ子くん。

彼のそんなさみしい気持ちを察しつつも、明るく振舞うお兄さん。

甥っ子くんに「これ使う？」と液体ムヒSを渡そうとすると、「刺されてないもん！」とすねる甥っ子くん。

ノスタルジックな雰囲気と舞台設定、主人公の叔父さんと甥っ子くんの微笑ましい掛け合いが印象的で良質なTVCMが、現在オンエア中の『液体ムヒS』だが、皆さんはきっと、白いTシャツから覗く平野紫耀の逞しい二の腕に目を奪われたのではないか!?

「このTVCMが始まった当初はあまり話題になっていませんでしたが、5月30日に『BON』ミュージックビデオのオフショットをInstagramで複数枚公開したところ、平野紫耀くんがMVで着用しているジャケットを脱いだインナー姿の写真が筋骨隆々、「あまりにも肉体美がすぎる!」と大きな反響を呼んだのです」(Webライター)

平野紫耀は常日頃から――

『特別なトレーニングはしていない』

――と公言しているので、「NOT筋トレでこの体はマジか!?」とSNSが沸騰したのだ。

『紫耀はもともとすごい厚みのある筋肉の塊で、
あれだけ踊れるのは体幹も強い証拠。
よくMVの中で肩を組む振りつけがあると思うんだけど、
そのときとか、
内心〝（コイツの上腕二頭筋どうなってるの!?）〟――って驚かされるぐらい、
（筋肉が）大きくて固い』〈神宮寺勇太〉

『俺とかジンは必死で体幹鍛えないと、
紫耀のダンスのスピードについていけないからね（苦笑）。
だから俺たちもそのうちムキムキになってると思うし、
Ｉｎｓｔａｇｒａｍにちゃんとムキムキ３Ｓを上げるよ』〈岸優太〉

ルックスもボディも美しすぎるグループ、それがNumber_iなのだ。

『2人は納得してくれてる部分もあるけど、
でも俺的にはあまり筋肉がつきすぎるとスピードは落ちる気がする。
最近、特にいろんな人に体や筋肉のこと言われるけど、
俺の体の筋肉はダンスが作り上げたモノ。
ダンスでついた筋肉。
別に筋トレとかボディビルを否定するつもりじゃなくて、
人に見せるための筋肉と自分の体を自在に動かすための筋肉はまったくの別物。
だから俺は、あえて必要以上の筋トレはしないんだよ。
「筋肉はダンスでつける」——がポリシーだから』〈平野紫耀〉

どこまでもストイックな平野紫耀のセリフ。

しかも『美しい』のだから、もはや外野からごちゃごちゃ言うのはやめて、ありがたくその美しさを拝ませていただくとしよう——。

NUMBER_I
STYLE

〔著者プロフィール〕

石井優樹（いしい・ゆうき）

学生時代のADアルバイト経験を活かし、テレビ番組制作会社に入社。以前、週末に生放送されていた某情報番組でプロデューサーを務めていた。(旧)ジャニーズ関連のバラエティ番組に携わると、現場マネージャーとの交流を通して(旧)ジャニーズ事務所や(旧)ジャニーズアイランド社、TOBE社の内部事情に精通。テレビ業界を通じて得た豊富な知識と人脈を活かし、現在は芸能ジャーナリストとしての活動も行っている。

主な著書に『Number_i —等身大の3人—』『Number_i —新たなるステップ—』(太陽出版)がある。

Number_i —彼らのスタイル—

2024年6月30日　第1刷発行

著　者…………… 石井優樹

発行者…………… 籠宮啓輔

発行所…………… 太陽出版
〒113-0033　東京都文京区本郷3-43-8-101
電話03-3814-0471／FAX03-3814-2366
http://www.taiyoshuppan.net/

デザイン・装丁… 宮島和幸（KM-Factory）

印刷・製本……… 株式会社シナノパブリッシングプレス

ISBN978-4-86723-174-6

◆ 既刊紹介 ◆

Number_i
―等身大の3人―

石井優樹［著］ 1,500円+税

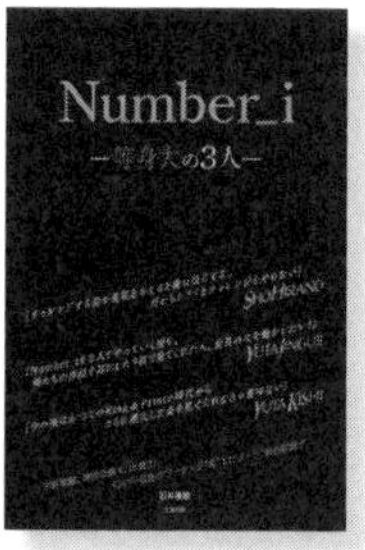

『チャレンジする姿が勇気を与えると俺は信じてる。
だからトライとチャレンジをやめない』〈平野紫耀〉

『Number_i を3人でやっていく限り、
俺たちの作品を耳にしたり目で見てくれた人、
全員の心を動かしたい！』〈神宮寺勇太〉

『今の俺はかつての King & Prince 時代から
さらに進化した姿を見せられなきゃ意味ない』〈岸優太〉

平野紫耀、神宮寺勇太、岸優太 ―― 等身大の3人
メンバー自身のメッセージ＆エピソード独占収録!!

【主な収録エピソード】
・日本を代表する“ファッション・アイコン”として世界デビュー！
・ＣＭ業界“Number_i 時代”到来！
・平野紫耀が語る“Number_i の原動力”
・平野紫耀と Number_i が生み出す“新鮮な化学反応”
・“ＳＮＳ投稿”平野紫耀の本音
・平野紫耀からオーディション生への“岸には内緒”のプレゼント
・平野紫耀と Number_i が見据える目線の先
・同期の“相関図”に語った神宮寺勇太の本音
・神宮寺勇太の心に残っている“思わぬひと言”
・神宮寺勇太が教えてくれた平野紫耀と行った“聖地”
・“最後の『Mステ』出演”時に語っていた神宮寺勇太の決意
・インスタライブで見せた３人の“Number_i での立ち位置”
・初主演映画で得た岸優太の自信
・Number_i と King & Prince を結ぶキーマン
・“Number_i のバランサー”岸優太
・岸優太と神宮寺勇太の“０８４”騒動
・岸優太が考える“アーティストとしての義務”
・岸優太、そして Number_i が“何よりも大切にしたいもの”

◆ 既刊紹介 ◆

Number_i
―新たなるステップ―

石井優樹［著］ ¥1,500円+税

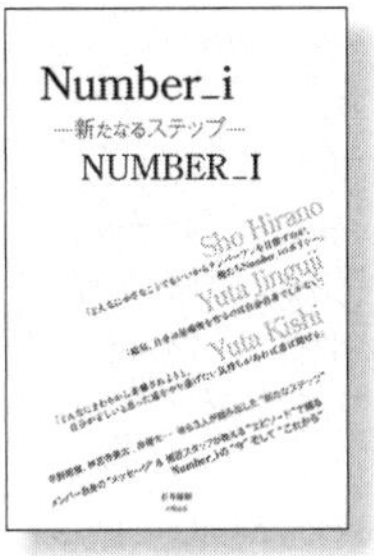

『どんなに小さなことでもいいからナンバーワンを目指すのが、俺たち Number_i のポリシー』〈平野紫耀〉

『結局、自分の居場所を作るのは自分自身でしかない』〈神宮寺勇太〉

『どんなにまわりから非難されようと、自分が正しいと思った道をやり遂げたい気持ちがあれば、道は開ける』〈岸優太〉

平野紫耀、神宮寺勇太、岸優太――彼ら３人が踏み出した“新たなステップ”――Number_i の“今”そして“これから”

【主な収録エピソード】

・Number_i 始動！
・TOBE が引き継ぐ旧ジャニーズが作り上げた“エンターテインメント文化”
・Snow Man を巡る滝沢秀明と旧ジャニーズ
・Number_i ３人の背中を押した滝沢秀明の言葉
・平野紫耀がＳＮＳで見せる“新たな一面”
・平野紫耀の“ダンス愛”
・平野紫耀が見せる“ワイルドな姿”
・目黒蓮と Number_i “不仲説”の真相
・“平野紫耀と永瀬廉の確執”――噂の真相
・神宮寺勇太の“新しい夢”
・神宮寺勇太が今改めて挑戦したい仕事
・インスタライブで見せた神宮寺勇太と平野紫耀の“絆”
・『King & Prince る。』で見せた高いプロ意識
・神宮寺勇太が“ポテンシャル全開”するとき
・『とべばん』配信―― TOBE、そして Number_i の勢い
・神宮寺勇太に送った“遅すぎる”誕生日メッセージ
・岸優太“ロゴ騒動”プチ炎上
・平野紫耀がハマる“岸くん構文”
・“岸優太 vs 永瀬廉”の主演作争い
・岸優太“非モテ”カミングアウト！

◆ 既刊紹介 ◆

TEAM Snow Man
Snow Man

池松 紳一郎［著］ ¥1,500円+税

Snow Man メンバー自身が語る“メッセージ”
知られざる“エピソード”多数収録 !!
新たな飛躍に向けてスタートした
Snow Man の今が満載！

【主な収録エピソード】

・“いわこじ”コンビに入った大きな亀裂 !?
・Snow Man で“一番漢気がない”メンバー・深澤辰哉
・ラウールと目黒蓮が積み上げていく“それぞれの道”
・渡辺翔太が意識する“ADULTなイケメン”
・向井康二、突然の“卒業宣言”！
・クイズ王とともに目指す阿部亮平の目標
・目黒蓮と舘様の共通点とは？
・岩本照・深澤辰哉・宮舘涼太、3人チームが生み出す“新たな化学反応”
・佐久間大介の意外なヲタ友交遊録

キンプリの“今”“これから”
—真実のKing & Prince—

谷川勇樹［著］ ¥1,400円+税

『自分の決断や行動、したことに後悔はしない。
しようと思ってしなかったこと、できなかったことは後悔するけど』〈平野紫耀〉

『“勝てないなら走り出さない”
——そういう選択肢は俺にはなかった』〈神宮寺勇太〉

『これから先、俺は俺の選んだ道の上で、
新しい人生や運命に出会うかもしれない。
少なくともそう信じてる』〈岸優太〉

メンバー自身の「本音」&側近スタッフが教える「真相」の数々を独占収録 !!
—“真実の King & Prince”がここに !!—

◆ 既刊紹介 ◆

めっちゃ★Aぇ! group

Aぇ! group

西野創一朗［著］ ¥1,500円+税

『**このままどんどん、**
全国目指していろんな夢を叶えていけたらいいよな。
もちろん、関西のファンのみんなも大事にしていきたい
っていうのが、現在進行形のAぇ！の目標』〈小島健〉

メンバー自身のメッセージ＆エピソード多数収録!!
★Aぇ! groupの“知られざる素顔”が満載★

【主な収録エピソード】

・プロデューサー・横山裕の想い
・Aぇ！group とは別の“新たな道”を歩み出した福本大晴
・正門良規と“同期卍会”の絆
・Aぇ！group メンバーに深く刻まれた“マンキン精神”
・素顔の“ザ・正門良規”
・“狂犬キャラ”末澤誠也への期待
・“西の美容番長”末澤誠也のルーティン
・(旧)関西ジャニーズ Jr. で“一番太い男”
・『ザ！鉄腕 !DASH!!』に懸けるリチャの意気込み
・リチャが語る“恩人・横山裕”への想い
・“ハーフ”のデビュー組メンバー同士の絆 !?
・小島健、憧れの“ロールモデル”はあの先輩
・デビュー後に待ち受ける小島健のピンチ !?
・ファーストピッチセレモニーに懸けた小島健の“ある策略”
・佐野晶哉、歌ウマを封印 !?
・佐野晶哉が残した最も大きな“爪痕”
・Aぇ！group 最年少の“クソガキキャラ”

太陽出版
〒113-0033
東京都文京区本郷3-43-8-101
TEL 03-3814-0471
FAX 03-3814-2366
http://www.taiyoshuppan.net/

◎お申し込みは……
お近くの書店にお申し込み下さい。
直送をご希望の場合は、直接小社宛にお申し込み下さい。
ＦＡＸまたはホームページでもお受けします。